# 碧巌の森

木村太邦

春秋社

碧巌の森

# 目次

## 目次

# 碧巌の森

# 大死底の人、かえって活する時——第四一則「趙州大死底人」

【垂示】垂示に云く、是非交結の処は、聖も亦た知る能わず。逆順縦横の時は、仏祖も辨ずる能わず。絶世超倫の士と為《な》り、逸群大士の能を顕《あらわ》す。氷凌《こおり》の上を行き、剣刃《やいば》の上を走《ゆ》くは、直下《まさ》に麒麟の頭角《つの》の如く、火の裏《なか》の蓮華の似《ごと》し。宛《あたか》も超方なるを見て、始めて同道なるを知る。誰か是れ好手《やりて》の者ぞ。試みに挙《こ》し看ん。

【本則】挙《こ》す。趙州《じょうしゅう》、投子《とうす》に問う、「大死底の人、却って活する時如何《いかん》。投子云く、「夜行を許さず、明に投じて須らく到るべし」。

【頌】活中に眼有れば還《ま》た死に同じ、薬忌何ぞ須《もち》いん作家《てだれ》を鑑するを。古仏すら尚《な》お言う曾て未だ到らずと、知らず誰か解く塵沙を撒《ま》く。

## 大死底の人

本則から見てまいりましょう。趙州和尚が投子和尚に問うた。投子和尚は九五歳くらいまで生きておられますね。趙州和尚は百二十歳くらいまで生きた方。長生きされて錬りに錬り上げた、垂示で言う通り、やり手の人であります。趙州和尚の方が先輩で、後輩の投子和尚に問うわけです。

「大死底の人、却って活する時如何《いかん》」。大死底の人が生き返った時はどうか。投子がどう答えたか。「夜行を許さず、明に投じて須らく到るべし」。これが問題なんですね。夜道を行くことは許しません。明るくなったら行ってください。「到」は行き着くところまで行き着いた、という意味です。須らく、なんといっても夜出ることは許しません、と言っておきながら、明るくなったら目的地についていなくてはなりません。

これは不思議ですね。暗いうちに出てはいけない。明るくなったら着いていなくてはいけない。これが今回の本則です。何を言っているのでしょうか。夜出ずに、明るくなった時には目的地についている。そんなことができるのは、ということでしょう。それが垂示にある、「絶世超倫の士と為《な》り」、世を大きく離れた――倫というのは世間の約束事ですね。それを大きく超えた、世間の仲間にも関わらないで、離れて、「逸群大士の能を顕《あらわ》す」。群衆をはるかに超えた、そういう大士、菩薩のような才能を表してこそ、はじめて出来ることだ。

それが具体的にはどういうことか。「氷凌《こおり》の上を行き」、絶世超倫の士とは何か。具体的には薄氷の上を歩いていく。また「剣刃《やいば》の上を走《ゆ》く」、剣の刃の上を走っていけるような、それが逸群大士の能だ。

少し例えを変えまして、「直下《まさ》に麒麟の頭角《つの》の如く」、麒麟に角が生えたように。あるいは「火の裏《なか》の蓮華の似《ごと》し」、水から出てくる蓮華が火の中でも咲き誇っているように。「宛《あたか》も超方なるを見て」、規格にはるかに収まらないような、そういうお人を見て「始めて同道なるを知る」。はじめて同じ道を歩んでいる人だと知る。

そうすると、それほどまでのお人はどんな人か。「垂示に云く、是非交結の処は、聖も亦た知る能わず」。是と非が入り混じって、結ばれているところは、お上人ですら知ることができない。「逆順縦横の時は」、逆と順が不二の時、縦横に入り混ざっているところは、「仏祖も辨ずる能わず」。お釈迦さまでも達磨さんでも弁ずることができない。お上人以上、仏祖以上のことだ、となりますね。

それが「絶世超倫の士と為《な》り、逸群大士の能を顕《あらわ》す」。どのようなことがやってきても、その時その場で、はるかに超えて生きていくような人。それが仲間であることを知る。仏道の仲間だと言っているのでしょう。

「誰か是れ好手《やりて》の者ぞ」。このようなやり手が誰かいたか。いるというのです。それが趙州や投子だと。「試みに挙《こ》し看ん」。ここに二人の問答を取り上げるから、よく検討してほしい。そうして趙州の問いを出すわけです。

## 是と非が入り交じる

「大死底の人、却って活する時如何《いかん》」。これに対して投子が答えます。「夜行を許さず、明に投じて須らく到るべし」。大死底の人が活した時、これができなくてはならない、ということですね。これはどのように見たらいいでしょう。

仏教と言いますと、八万四千の法門がある。それを全て学ばなくてはならないのかというと、そうではないと思います。富士山に登る道はいくつもあるが、そのうちの一つをきちんと登っていけば頂上に出る、ということもありますから。

こういうことを頭に入れておくといいと思います。個と全。個は一人一人。全は全部。平等は全です、一つですからね。個はいくつもあります。これが差別《しゃべつ》です。私たちの頭は、何事につけても二つに分けるようにできています。たとえば個を大事にする生き方をする人にとっては、全を大事にする人たちが非になるのではないでしょうか。逆に全の立場に立つ人にとっては、個に立つ人を否定するのではないでしょうか。

これを表しているのが、聖徳太子です。十七条の憲法でしたでしょうか。自分が是とすることは、必ずしも第三者が是とするとは限らない。そう言っていますね。その逆もまた言えると。そして互いに凡夫なのだから、そういうことはあるのだ、と言っています。

その時は、是と非が分かれているわけです。ですから聖徳太子がいうようなことがいえるのです。ですがここでは、是非が交結している。交わっている時と処です。そこではどうか。その時は聖《ひじり》、聖徳太子のような人が出てきても、これは知ること能わず、となりますね。なんとも言えないでしょう。

「逆順縦横」、これもそうでしょうね。順の立場にあれば、一つ一つ順に辿って目的地に達する。だが、それとは逆の立場が縦横に混じり合っている時はどうか。仏祖方がお出ましになっても、弁ずることができないぞ、と言っているのではないでしょうか。

最初は、聖、つまりお上人のような、世間をよく知っている方が現れても、だめだと。その次には仏祖が出てきます。けれど仏祖が乗り出してきても、解決できない。解決できるのはどんな人かというと、絶世超倫の士になるほかない。逸群大士の才能を表すしかない。

ではどんな才能か、と聞くと、いつ氷が割れるかもわからないのに氷の上を歩いていく。剣の刃の上を走っていくような才能。伝説にいう、角のある麒麟が現れたような、火の中で蓮華が咲き誇っているような。何もかも、超越して生きているような。そういう人が現れて、お会いして初めて、この人こそ同じ道を行く人だと知ることができる。そんな人が果たしているのか。そう問うて、趙州と投子の問答を出しているわけです。

## 「三欺の法門」とは

これはどのように見たらよろしいでしょうか。何か思い出していただける言葉はないでしょうか。仏教は八万四千の法門だと先ほど話しました。勝手な言い方ですが、門余の一道、という言葉があります。八万四千の門にも余る、尽くせない一つの道。八万四千の門を探しても見つからない、一つの道。それはどんなことか。それを「三欺の法門」といいます。これは何か。一つが疑問、一つが反語、そして感嘆。この三つを作るのは、「欺」という字ですね。いかがでしょうか。

具体的に申しますと、趙州の無字なら無字という公案をもらいます。どういうことなのかと、疑問として詰めていきます。そうしているうちに、無い無いというけれども有るのではないか、という思いが出てきます。それが反語の時期です。この時期こそが、是非交結のところではないでしょうか、是と非が交わる時ですね。有と無がぶつかり合い、のたうちまわるわけですね。

聖ですら知ることができない。仏や祖師方が現れても弁ずることができない。二つがぶつかり合う世界というのは大変な世界なのです。二つに分けておかずにはいられない。私たちの頭は二つに分けてしまいますが、分けているうちは解決できない。そして、七転八倒して苦しみ、是と非が交じって区別がつかなくなる。そこに何かの因縁が働いて、すっと抜け出していく。これが感嘆です。すっと抜け出していくのです。こういうことだったのか、と。抜け出せた人のことを、絶世超倫の士といい、逸群大士ともいう、ということでしょう。頭でこうですよと教えられてもだめなんですね。七転八倒が必要なのです。そうして苦しんで開けてこそ、誰がなんといっても間違いない、という確信にみちた世界が開けてくるのです。これ以外にはないのだと思います。

是は是、非は非と別れていれば明瞭ですが、はっきりしているというだけで、なんの力にもならない。なぜなら別れているから。別れているものが何かの事情で一つにくっついてしまう。どこまでが明で、どこまでが暗なのかわからなくなる。そこを狙うのが坐禅だと思うのです。ですから、わけがわからなくなるまで坐れ、と言いますね。坐禅して明瞭になるのではないのです。わけがわからなくなっていくことを勧めるのです。そして、わけがわからなくなったところに、チャンスが訪れるんですね。

時節因縁というチャンスが生まれるのです。そのチャンスをつかまえる下地が出来てくるんですね。その下地ができるまで、迷いに迷う。迷うということは、自分が知る知らないに関わらず、迷っている自分の全力がそこに出ているのだと思います。全力を振り絞って悩み苦しんでいる状態です。だから何かがすっと入ってくると、それに触れて真実の世界へぱあっと出ていける。そういうことではないでしょうか。これ以外に、真実をつかむ方法はない。そう言い切るのが白隠さんの禅だと私は思います。

その、どっちか。是か非か、一つになって七転八倒させられるところ。そこに私たちのいのちが全開しているのだと思います。それは「展《の》ぶる則《とき》んば法界《ほっかい》に弥綸《みりん》し、収《おさ》むる則んば糸髪《しはつ》も立《りっ》せず」という大きな運動。それが七転八倒という形で動き出しているのだと思います。だから、一転すればいいんですよね。一転すると、こいつだ、と。確信を持って、こいつだと言える世界をつかむことができるのではないかと思うわけです。それ以外に真実をつかむ方法はないんだ、と主張するのが白隠さんです。いかがでしょうか。

## 「大いなるものに抱かれあることを」

白隠さんの禅と言いましたが、つまりは公案禅のことです。これに尽きると思います。

山田無文老大師のお歌に、「大いなる　ものに抱かれ　あることを　今朝吹く風の　涼しさに知る」とありますね。風に大いなるものを見て取った。一人一人、個ですね。掴み方は違いますが、それこそは「展ぶる則んば法界に弥綸し、収むる則んば糸髪も立せず」というもので、是と非が一つになったところに働いているんだと思います。

別々になっていたら、それだけの大きさが出ないでしょう。渦巻いているところからは何が飛び出すかわからない。私たちのいのちが、本来そうなんですよね。「展ぶる則んば法界に弥綸し、収むる則んば糸髪も立せず」です。そういういのちを親からもらって私たちは生きているのです。方角を絶するということがありましたが、「宛《あたか》も超方なるを見て」とありましたから、何が出てきても、ということです。何が出てきても、ここからそれに対する答えがばあっと飛び出す。それが私たちのいのちの働きです。

無文老大師は風からそれを攫んだ。無文老大師は結核でした。当時の結核は不治の病です。小学校で仲が良かった友達ですら、家の前を駆け足で過ぎ去っていく。そんな中、坐っていたら、すっと風が吹いてきた。ああ、避けないものがあった。それは人間でなく、風。一度たりとも、風は自分を避けてはいかない。いつも真っ向受けていたのに気付かなかった風。ただそれだけで、気分が一転したのです。人間の心というのは不思議です。何かの機縁によって、変わっていくのです。

こうしなくてはならない、ということではありませんね。私があるとき感じたのは、お寺が火事になってしまって、全焼して、再建に大変苦労してやっている人がいまして、その人の目的は寺を立てるということ。新たに建てるのは本当に大変で、ご苦労なさっている方に会ったのですが、本当にいい顔をしていました。その時に思いました。寺を建てる建てないよりも、こういう顔が出来上がったということ、それだけで十分いいのではないか。そう思ったのです。そういうふうに、超方です。目的すら超えてしまって、そこに一真実をつくりだしている。それが大切なことなのだと思いました。

## 生き切る

では、頌を見てみます。「活中に眼有れば還《ま》た死に同じ」。死を中心に言い換えてみますと、死の中に眼があれば、また活に同じ。死んでもそこに眼があれば、生きているのと同じだ。これは何を言っているのでしょうか。生きているその中に眼があれば、また死に同じ。生死がまさに一如になっている。疑問と反語が一つになっていますね。死活が一つになった世界。それをこのように表現しているんだと思います。

「薬忌何ぞ須《もち》いん作家《てだれ》を鑑するを」。薬忌というのは、飲み合わせ。薬は薬であると同時に毒。度を過ぎれば薬でなくなる。ここでは、薬忌なんか問題ではないと言っています。なぜならば、死と生が入り混じっている、めちゃくちゃなこと。それがいいのだ、と言っています。本人はのたうちまわるように苦しいが、それが大事なのだと。疑問と反語の世界が一つになっているのは、常識外の世界なのだから、薬忌なんか持ち出すな。

「古仏すら尚《な》お言う曾て未だ到らずと」、古仏ですら、まだ到っていないという。釈迦も達磨も今なお修行中というではないか。「知らず誰か解《よ》く塵沙を撒《ま》く」。知らんよ。誰が塵芥を撒き散らしているのか。

もちろん、理屈上は大死底の人だとわかっています。これは疑問と反語で苦しんでいる人です。色即是空、無一物の状態。死に切った状態。苦しむことすら出てこない、というところ。ただ、臨済は大死底が問題ではないというのですね。大死底がスタートなんですね。だから、塵沙を撒かなくてはいけないんです。問題を起こす。これがいいのです。問題を大いに巻き起こしていただかなくてはいけないんです。

「知らず」なんて書いてありますが、わかっているのです。塵沙を撒くことを通して、現実を七転八倒しながら生きていく、そういう生き方になっていくと思います。それが行き着くところは、現実を生き切るということになると思います。矛盾に満ちた現実を生き抜くという形に収まっていくと思います。ですから安楽を求めて坐禅するのではないのです。

# 好雪、片片別処に落ちず――第四二則「龐居士好雪片片」

【垂示】垂示に云く、単提独弄《たんていどくろう》するは、帯水拖泥《たいすいたでい》、敲唱《こうしょう》倶《とも》に行うは、銀山鉄壁。擬議すれば即ち髑髏《どくろ》の前に鬼《き》を見、尋思すれば即ち黒山の下に打坐す。明明たる杲日《こうじつ》天に麗《つ》き、颯颯《さつさつ》たる清風地《ち》を匝《めぐ》る。且道《さて》、古人還《は》た誵訛《こみいり》たる処有りや。試みに挙《こ》し看ん。

【本則】挙《こ》す。龐居士《ほうこじ》、薬山《やくさん》を辞す。山《さん》、十人の禅客に命じて相送りて門首に至らしむ。居士、空中の雪を指さして云く、「好雪、片片別処に落ちず」。時に全《ぜん》禅客有り、云く、「什麼処《いずこ》にか落在する」。士打つこと一掌。全云く、「居士也た草草《なおざり》なることを得ざれ」。士云く、「汝恁麼《さよう》に禅客と称すれば、閻《えん》老子未だ汝を放《ゆる》さざる在《ぞ》」。全云く、「居士は作麼生《いかん》」。

士又た打つこと一掌。云く、「眼は見るも盲の如く、口は説《い》うも唖の如し」。雪竇別して云く、「初問の処に但だ雪団を握《にぎ》って便《すなわ》ち打たん」。

【頌】雪団もて打て、雪団もて打て。龐老の機関、把《と》うべき没《な》し。天上人間《じんかん》、自《おの》ずから知らず。眼裏耳裏《げんりにり》、瀟灑《しょうしゃ》を絶す。瀟灑絶して、碧眼の胡僧も辨別し難し。

## 「教外別伝不立文字」の流れ――雑貨舗と真金舗と

垂示からまいります。「垂示に云く、単提独弄《たんていどくろう》するは、帯水拖泥《たいすいたでい》」とあります。馬祖道一禅師の頃が禅の最も盛んだった時代だと言われますが、その頃の導き方、それを「単提《たんてい》独弄《どくろう》」と言えると思います。一人で提げて、一人でそれを弄《もてあそ》ぶ、という生き方ですから、一般の人にはわかりません。

馬祖道一の禅は「雑貨舗」と言われたわけです。なんでもあると。だから馬祖は一般の人に語りかけたい。けれども一般の人はその心を受け止めかねる。例えば、「即心即仏」

です。あなたの心、そのままが仏なのだ、とありがたいことを言ってくれているのですが、言われた方はぽかんとするだけで、そこが難しいところです。

それを「帯水拖泥《たいすいたでい》」と言ったのだと思います。水を帯び、泥をかぶる。水をぶっかけられたり泥をぶつけられたり、ということです。今回の則は、好雪片片、雪を丸めてぶつける、というものです。まさに、龐居士の時代が馬祖の時代でした。

「敲唱倶《こうしょうとも》に行うは」。これは宋の時代に生まれた公案禅のことを言っているのでしょう。修行者と和尚がぶつかり合い、問答をする。ビクともしない、「銀山鉄壁」。問答をして互いにぶつかり合いますが、断崖絶壁にぶつかるようなもので、一向に何が何やらわからないというわけです。

いつかも申しましたが、お釈迦様がお悟りを開いて、二十一日間、その座を立とうとされなかった。そこへ梵天王が天上から降りてきて、何度もお釈迦様に座を立って悟りの内容を人々にお説きくださいとお願いしますが、お釈迦様は動かなかった。何度も請われて、ついにお釈迦様は立ち上がるのですが、どうして立たなかったか。

話してもわからないと思われたのでしょう。ところが奇跡が起こる。まずはじめに話しかけたのは、苦行を共にした五人の仲間。彼らに向かって歩を進め、話す。すると昔の仲間はみんな悟りを開いた、ということになっています。これは奇跡です。やがて、最後に摩訶迦葉はじめ会衆に法を伝える。ところがその時にわかったのは、摩訶迦葉一人だったということです。

すると、そのほかの多くの弟子はどうなるのか。これが、禅宗の歴史を作ってきたと思います。釈尊の説法をもってしてもわからなかった八万四千の弟子をどうするか。これが大きな問題だったと思うのです。これは『無門関』第六則に出ています。釈尊は「教外別伝不立文字」というかたちで、伝えたぞ、摩訶迦葉よ、あとは頼む、といったとされています。それを実行したのが達磨さんだといえるでしょう。

摩訶迦葉から二八代目が達磨さん。達磨さんがはるばると中国に渡り、そこで初めて法を説きますが、仏心天子として有名な武帝ですら、わかってくれなかった。そこで独り揚子江を渡り、魏の国・少林寺に入った、と。そして六代目に慧能禅師が生まれます。

その児孫に馬祖禅師、もう一人が曹洞系の石頭希遷禅師。慧能の三代目に馬祖と石頭が生まれ、大活躍するわけです。年下とみられる馬祖は雑貨舗、石頭は真金舗、つまり本当の金を扱うお店と言われた。それに対して臨済宗の祖である馬祖は雑貨屋さん。ですから、私たちの立場に立って、いろんなことをしてくださったけれども、なかなか我々の理解が届かない。

それだけに、禅が禅らしい時代はどこかと言われると、馬祖の頃を指すのですね。しかしこれは、達人の禅だった。宋の時代に入り、どうにかできないかと考えられたのが、公案禅。垂示を書いている圜悟禅師は、この公案禅に関わりの深い方です。しかしその公案禅も、「銀山鉄壁」。なかなかわからない。難しい。

「擬議すれば即ち髑髏《どくろ》の前に鬼《き》を見」。「擬議」は、ほんのちょっと、二、三秒の間、考えをまとめようとして押し黙る。それも許さないわけです。擬議すれば棒が飛んできたり、喝が飛んできたりする。何せ達人の禅ですから。二、三秒、擬議する人はもう髑髏になっているのだそうです。そして、その周囲には亡霊、火の玉が行き来している。ましてや「尋思すれば」、しっかり工夫しようと思って思いに沈めば、「即ち黒山の下に打坐す」。山と山の間に挟まれた真っ暗闇の中で坐禅しているようなものだ。

ところが現実はどうか。「明明たる杲日《こうじつ》天に麗《つ》き」。これが現実ではないか。「颯颯《さつさつ》たる清風地《ち》を匝《めぐ》る」。この現実はどこへ行ってしまったのか。

「且《さ》道《て》、古人還《は》た誵訛《こみいり》たる処有りや」。古人のうちで、この消息を問題にしているところはあるか。例を挙げてみるから、よく見なさいというのです。

## 「別処に落ちず」

そして本則に入ります。「挙《こ》す。龐居士《ほうこじ》、薬山《やくさん》を辞す」。龐居士は馬祖にもお目にかかり、石頭にもお目にかかっていて、石頭の法を継いだ薬山のところで、十七、八年いたという方です。ここで薬山のところを辞すことになった。

「山《さん》、十人の禅客に命じて」。禅客というのは、昔ですと用心棒を剣客と言っていましたね、禅の居候でしょうか。「相送りて門首に至らしむ」。門まで送らせた。昔のことですから、道場から門まで相当離れていたのでしょう。長い道のりをかけて別れの問答する機会を与えたのでしょう。

「居士、空中の雪を指さして云く」、ここですね。空中、雪が降っていたわけです。雪を指さして云く。「好雪」、いい雪だ。「片片別処に落ちず」。ひとひらひとひら別のところに落ちない、と言ったのです。これが、問題を起こすわけです。いい景色ですから黙って見ていればいいものを、何か言い出すわけです。

「時に全《ぜん》禅客有り」、全さんという禅客がいた。「云く、什麼処《いずこ》にか落在する」。どこに落ちるというんですか。「士打つこと一掌」。居士は平手打ちでピシャリと全さんに一発、見舞った。「全云く、居士也た草草《なおざり》なることを得ざれ」。乱暴しちゃいけません。「士云く、汝恁麽《さよう》に禅客と称すれば」、そのようなことを言って、自分を禅客と思っているならば、「閻《えん》老子未だ汝を放《ゆる》さざる在《ぞ》」。亡くなって地獄に落ちたら、閻魔様はお前を絶対に許さないぞ。「全云く」、禅客はなお言います。「居士は作麽生《いかん》」。あなたはいったいどうなんですか。「士又た打つこと一掌」。

これは打たれても仕方ありませんね。ここまで言われても禅客はまだ他人事として、龐居士に向かって言うのです。自分の問題として掴んでいない。叩かれたのも、お前が問題だ、ということです。それを言っているのに、二度も同じような問い方をしている。「云く、眼は見るも盲の如く、口は説《い》うも唖の如し」。あんたは雪を見ているだろうが、肝心なことは見ていない。口は喋っていても、大事なことは何もしゃべっていない。肝心要のことを一言も言っていない。

ここでたまりかねて、雪竇がでてきます。「雪竇別して云く、初問の処に但だ雪団を握《にぎ》って便《すなわ》ち打たん」。わし、雪竇なら、初めて聞かれた時にもう、雪を団子にしてぶつけてやったぞ、と。

# 天上・人間の自知せざるところ

頌にいきます。「雪団もて打て、雪団もて打て」。雪合戦だ、雪合戦だ。「龐老の機関、把《とら》うべき没《な》し」。龐居士の働きは、捉えようがない、と言っているのですね。どこから出てくるか全くわからない、出どころがわからない、何をしでかすかわからない。「天上人《じん》間《かん》、自《おの》ずから知らず」。天上界も、人間界の人々も、誰れ一人として予想もつかぬのだ。知ることができないのだ。ここのところは、仏さんや祖師方がお出ましになってもわからぬことなのだ、ということでしょう。「知らず、最も親し」という言葉がありますね。知らないということが最も親しいのだ。

「眼裏耳裏《げんりにり》」、目の中にも耳の中にも「瀟灑《しょうしゃ》を絶す」。何一つない。綺麗さっぱり絶え果てて、見当のつけようがないのです。「瀟灑絶して」、綺麗さっぱりというのも超えて、何一つなくなって、「碧眼の胡僧も辨別し難し」。空だ、と言っておきながら、空も超えているぞ、という感じですね。あの達磨さんが出てきても、ここはなんとも見分けることができないぞ、と言っているのです。龐居士の雪合戦の出どこです。

この頌は、雪竇がこの問答のあまりの歯がゆさに、たまりかねて時を超えて口出しして、雪を団子にしてぶつけてやればよかったんだと、おもわず言ったけれど、龐居士は「好雪片片別処に落ちず」の言葉をすでに雪団にしてぶつけていたのだ、つい我を忘れてえらい恥さらしをしてしまったな、と謳い直しているのですが、そのように、雪竇をしても見損なわせるように、禅のはたらきは「天上人間自知せず」です。

龐居士の禅機はどこから出るのか真に計り知れない。達磨さんが出て来てもだめだ。天上界、人間界の人々と龍が仏法の話を聞き取れると昔から言われているが、龐居士の働きの出所はとてもわかるまい。天人たちよ、人間界の人々よ、龍よ、こころから龐居士の言葉を、一掌をわかろうと思ったら、自我（自意識）をまず滅却することだ。自我なくして聴き、自我なくして打たれてはじめて、龐居士の真意が呑み込めるぞ。それもまだまだ一端にしか過ぎぬ。

龐居士のすべてを知ろうと思ったら、さらに参ぜよ三十年、道い得ても三十棒、道い得ざるも三十棒の修行が必要だぞ。そう雪竇さんがあらためて謳い直しているところです。

# 向上の鉗鎚――第四三則「洞山寒暑廻避」

【垂示】垂示に云く、乾坤を定むるの句は、万世共に遵《したが》い、虎児《こじ》を擒《とら》うるの機は、千聖も辨ずる莫し。直下《ただ》に更に纖翳《せんえい》なく、全機《ぜんき》随処に斉しく彰《あらわ》る。向上の鉗鎚《けんつい》を明めんと要《ほっ》せば、作家《てだれ》の炉鞴《ろはい》を須是《ま》つべし。且道《さて》、従上来《これまで》還《は》た恁麼《さよう》なる家風あり也《や》無。試みに挙《こ》し看ん。

【本則】挙《こ》す。僧、洞山《とうざん》に問う、「寒暑到来せば如何《いかに》か廻避せん」。山云く、「何ぞ寒暑無き処に去《ゆ》かざる」。僧云く、「如何なるか是れ寒暑無き処」。山云く、「寒き時は闍黎《そなた》を寒殺し、熱き時は闍黎を熱殺す」。

【頌】垂手《すいしゅ》還って万仞《ばんじん》の崖に同じ、正偏《しょうへん》何ぞ必ずしも安排《あんぱい》に在らん。瑠璃《るり》の古殿に明月照《かがや》き、忍俊たる韓獹《かんろ》も空しく階に上《のぼ》る。

## 向上の鉗鎚

「垂示に云く、乾坤を定むるの句は」、乾坤は天地ですね。乾坤を一句で言い切る、というのです。大事なことだと思うのですが、根本に、全体と個、これを頭に置いていただきたいのです。「乾坤を定むる」というのは、全体を一句で言い切るわけですから、そういう一句は、「万世共に遵《したが》い」、どのような時代でもみな尊びしたがってきた、というわけです。

ここでは「乾坤を定むるの句」というのはおそらく、寒い時は寒さになりきり、暑い時は暑さになりきれ、という句を指すのでしょう。すると、ちょっとわかりませんね。寒さになりきれと言われても、わかりません。その意味がわかった時に、ということでしょう、「万世共に遵《したが》い」となるのですね。

「虎兕《こじ》を擒《とら》うるの機は」、別のことかもしれませんし、同じ時かもしれません。本文にはなんとあるでしょう。「寒き時は闍黎《そなた》を寒殺し」とありますね。殺というのは殺すという意味ではないそうですが、寒さで殺せ、と読めなくもないですが、寒い時は寒さになりきれ、という意味でしょう。どうして寒さになりきれるのか。なりきった時、寒さから解放されるとでも言うのでしょうか。

虎はトラ、兕はサイのような動物だそうです。太い角があって青いのだそうです。実際にいるのか架空の動物なのか不明です。トラやサイのような猛獣を素手で捉えるという働きは、「千聖も辨ずる莫し」。お上人が千人現れても、理由を説明できるものではない。誰もどうして素手で捉えられたのか、説明できない、というのです。

「直下《ただ》に更に纖翳《せんえい》なく」。今日「輪読」のところで読みました、お釈迦様が亡くなって、自分のことは何一つとどめるな、髪の毛ひとつ残さない。「千聖も辨ずる莫し」は、千人のお上人も弁じられないほどの働きがそこで現じられ、しかも終わった時には何一つ後に残さない、ということです。それがまた次に続きます。

「全機随処に斉しく彰《あらわ》る」。全機（全）は随処（個）に斉しく彰れる。お釈迦様が亡くなったからといって、お釈迦様がこの世に出現した働き、この世を生きた働きは、それ!!そここに蝶が飛んでいる。全機が随処に、どこの個においても、あえて意訳すれば、私たち一人一人のどこにでも現れてくる、というのです。釈尊の示した言葉は、亡くなれば出てこなくなると思いますが、そうではない、とここでは言います。「随処に斉しく彰《あらわ》る」。どこに現れるかといえば、皆さん一人一人のところに。そこで、自分が亡くなったら、あなた自身を頼りにしなさい、というお釈迦様のことばにつながっていくのでしょう。

「向上の鉗鎚《けんつい》を明めんと要《ほっ》せば」。向上、いつも自分に満足せず、少しでもいいものになりたい。どうしたら、どう叩かれたら、向上し続けることができるか。それをはっきりしようと思ったら、「作家《てだれ》の炉鞴《ろはい》を須是《ま》つべし」。作家《てだれ》の炉鞴とは、禅宗のことです。禅宗の修行がいいぞ、というのです。禅宗以上のものはないぞ。そこで「且道《さて》、従上来《これまで》還《は》た恁麼《さよう》なる家風あり也無《や》」。ならばそれを実証してくれる宗旨がこれまでにあったか。「試みに挙《こ》し看ん」。それを挙げてみるからごらんなさい、と言っています。

「無寒暑の処」

本則です。「挙《こ》す。僧、洞山《とうざん》に問う」、ある修行者が洞山に尋ねる。洞山とは、曹洞宗を始めた洞山良价禅師です。「寒暑到来せば如何《いかに》か廻避せん」。寒さ暑さがやってきたら、どう避けたらいいのでしょうか。どう対処したらよろしいでしょうか。「山云く」、洞山がいうわけです。「何ぞ寒暑無き処に去《ゆ》かざる」。どうして、暑さ寒さがないところへ行かないのか。「去」という字があります。ここに問題の解決がある、という字だそうです。ここでは、その解決はどこかというと、無寒暑。暑さ寒さのないところだ。すると、どんなところなのか。

「僧云く」です、「如何なるか是れ寒暑無き処」。当然、僧は質問します。すると「山云く、寒き時は闍黎《そなた》を寒殺し、熱き時は闍黎を熱殺す」。寒い時は寒さでいっぱい、というのでしょうか。殺は寒を強める助詞だそうです。寒い時は寒さでいっぱいにするんだ、というわけです。わかりませんよね。これでわかれば、達人です。わからないから、宋の時代になって公案禅が作られたのだと私は思うのです。けれども、わかる人はこれだけでわかるんですね、難しい問題です。

そこでこれを、誰にでもわかるようにしようじゃないかということになって、公案禅が作られたのですが、宋の時代の終わり頃、日本にも入ってきます。日本の僧が中国で修行して持ち帰ります。中国の素晴らしいお坊さまも日本に入ってきます。こういうかたちで公案禅が入ってきました。

## 公案禅の三つの体系――理致、機関、向上

ではは公案とは何か。公案の体系が大事だと思います。システムです。公案のシステムです。宋の時代に公案の体系ができた。それは三つだと言います。覚えてください。理致、機関、向上という三つで構成されているのが、中国から日本に入ってきた時の公案体系です。

私たちは現実に生きています。現実は機関にあたります。それに対して、理致。理は道理の理。道筋でしょうか。必ずしも現実ではないけれども、道筋はこうだぞ、と。理想なども入るでしょうね。致はいたる。理致という世界はどんなことを言っているのか。個と全で言えば、全の方です。全部がひとつのところ、という感じ。それを理致というわけです。私たち個人においては、私とあなたは違う。しかし、全体としてみれば、共通項を広げていくと、私とあなたはひとつ。全の世界ではひとつです。

個の世界を般若心経では色と言います。形あるもの。しかし全は表現できませんね。そ

こで、空という言葉が出てきます。空に開かれたところが、理致の世界。全体の世界。私たちという個においては別ですが、空に開かれることで全部の世界に入れる。空に開かれるということを何遍もここで申してきたのは、みんながひとつという世界、平等の世界。そう思っていただきたいと思います。

例えばこういう公案があります。「天地開闢の時、国常立命はどう出現されたか」という公案。古事記や日本書紀の世界でしょうか、国常立命という、国が出来る以前におられた、国を生んだお方がいます。その時は外にまだ誰もいなかったわけですね。そこで、そのような世界を理致という。誰もいない世界。人っ子一人いない世界。そういう私たちの意識というか、自意識が生まれる以前の世界。混沌と言いたくもなる世界。それを理致と呼ぶのです。

そこから私たちが現実に生まれてきて、知恵がつく。これも素晴らしいことです。混沌が混沌でなくなっていくのですから。理致は混沌だとして、機関というところで、私たちは分別の知恵をつけ、現実世の中においてはっきりしてくるのです。

ですから、理致は大きな大きな世界です。しかし理致については、のちに白隠禅師が法身という言葉に変えました。法の身体です。私たちの身体を小宇宙と言いますね。それに対して理致は大宇宙。小宇宙を色身というならば、理致の身体は法身です。

そうしてまず、公案禅では色身を否定していきます。否定して、空の世界へ持っていくのです。それが般若心経でいう色即是空。私たちの色身を空の世界へ誘う。空に開かせる。空が開いてくる。先ほど混沌という言葉が出ましたが、その混沌が大切になってくるのです。ですから、ともかく私たちが現実に色身であるのは誰もがわかるところですが、色身がそのままで法身だと主張するのが般若心経です。

この身体だけで尽きるものではなく、もっともっと大きいのだというのです。それを、まず、一度法身という理致の世界を見てもらおうじゃないか。そして空開という世界に開かれたら、それを現実に持ってこようじゃないか、というのが公案禅です。色即是空というと、すぐに空即是色と出てきます。空へ行ったら色に帰ってこなくてはだめだ、というのは、現実で空のエネルギーを使わなくては意味がないぞ、というのです。空のエネルギーを浴びたなら、日常の生活の上で使わなくては意味がないというのです。

理致にいたったら、機関に帰って、何度も何度も、身につけさせるのです。そしてそれでいいかというと、まだだめだというのですね。そこで、向上の公案に案内するのです。この三つの体系をもったのが公案禅です。そういうのは唐代の禅にもあったんです。けれども、それを言わなかったんですね。しかしそれでは多くの人がわからないので、なんとか一人でも多く、と考え出されたのが公案だというふうに思っていただきたいですね。

## 「一つの事実」とは

今回の主人公、洞山良价は唐時代の人です。ですからこんなことを言う必要はなかったのです。しかし、洞山は五位《ごい》を考え出されました。公案禅は三つ。洞山は五つに全体を分解しました。そういうことを、唐時代に既にしていた。それが大変便利です。この分類を知っていると非常に助かる。五位と公案体系は同じものと思ってください。時代は洞山が先です。どのようにそれが現れているか、見ていってみましょう。

「僧、洞山《とうざん》に問う、寒暑到来せば如何《いかに》か廻避せん」。寒さ暑さをどうすればいいか。どうでしょう。現実ということですね。寒さ、暑さという分別が働いています。二つに分けています。事実は一つ。ところが寒い、暑い、と分けてしまう。

ここの著語が面白いですね。こうあります。「是れ這箇《こ》の時節にあらず。劈頭劈面《へきとうへきめん》、什麼処《いずこ》にか在る」。

「是れ這箇《こ》の時節にあらず」。すっとやってきたのは、どうでしょう、一つの事実が襲ってきたわけです。その一つの事実というのは、寒さでもなく、暑さでもない。それを私たちの感性が働いて、暑いとか寒いとかと分けてしまう。「劈頭劈面《へきとうへきめん》」、まっしぐらにぶつかったもの。暑いなら暑いという事実一つ。寒いなら寒いという事実一つ。「什麼処にか在る」。あなたは今どこにいるんですか、という感じでしょう。あなたがいるところは、そのものそれに面と向かってぶつかったところですよ。暑い寒いと言えるということは、そこから離れてしまっているのではありませんか、という意味でしょう。

そこで「山云く、何ぞ寒暑無き処に去《ゆ》かざる」。どうして寒い、暑いがないところへ行かないか。その通りですね。しかし、こう言われてもわからないので、「僧云く、如何なるか是れ寒暑無き処」。それはどこですか、と聞きます。すると「山云く、寒き時は闍黎《そなた》を寒殺し、熱き時は闍黎を熱殺す」。そう言われても、これでもわかりませんね。頌の方がわかりやすいかもしれません。

無字と宝鏡三昧と

本則を置いておいて、頌を読んでみましょう。「垂手《すいしゅ》」、手を差し伸べる。「還って万仞の崖に同じ」、手を差し伸べているようだけれど、質問すると、臨済や徳山だったら、一喝食らわせるか棒で打つかで済ませたかもしれません。同じ時代の人ですが、洞山はそういう荒っぽいやり方はしません。言葉で説明しようとします。だから垂手なんでしょう、手を差し伸べる。しかし、手を差し伸べられても「万仞の崖」、棒や喝を食らわされるのと同じだ、と言っています。ですから裏を返すと、洞山の答えは一見、手を差し伸べているようだが、厳しいことにおいて、臨済や徳山にひけをとってはいないぞ、となりますね。「正偏《しょうへん》何ぞ必ずしも安排《あんぱい》に在らん」。正が「無寒暑」で、偏が「寒暑」ということです。個が偏、全が正です。こっちはのけてしまおうとか、そういうことではない、というのですね。いわゆる、理致の世界が大事になってくるのです。一度、空に開けることがどうしても必要になる。さらにそれを現実に持ち帰り、しっかりと空の世界を身につけて日常を生きていかなくてはならない、となるわけです。

仏教は難しいですね。八正道とありますでしょう。それを六つにしてくれるのが六波羅蜜。六つでも難しいと思っていると、三つにしてくれる。戒定慧の三学というのです。ありがたいですね。中国の公案体系も三つです。

修行の上では、最初は無という世界。何もないという無を公案として与えられます。無を通して空開に至らせる。空に開かれた世界。私たちの個が空、全体に入っていくわけです。そして、空の世界へ出たらそれでいいとは言えない。まだしなくてはならないことがあります。

その一つが雲門禅師の「関」という世界。関所です。通せんぼするわけです。ストップすることで、どういうことを身につけさせようとしているかというと、これを宝鏡三昧といいます。「宝鏡三昧、三年修せよ」というのです。無字がわかったら、今度は宝鏡三昧。鏡になるのです。塵一つつけていない鏡になる修行です。そうなると、前に来る人でも、物でもあるがままに映します。それを宝鏡三昧といいます。これは機関の修行です。

まずは空の世界を見る。それが無字。次が、関所でピタリと止める。相手と一つになるという、宝鏡三昧の修行。これはどういうことかというと、一つ一つ違います。前に来るものを映すのですから、映るものは毎回違います。個、一つ一つになりきる修行です。ありのままに映す。映るものを否定はしません。「唯嫌揀択《ゆいけんけんじゃく》」です。嫌うことなく、目の前に来たものを、あるがままに映す修行です。

それをしているうちに、もう一つ奥があるというのです。それは何かと言うと、ここにも出てくる向上という世界。どんな世界か。ある意味、空開と宝鏡三昧ができますと、いいところまでいくわけです。つい天狗になってしまう。それでは困ります。現実から足が浮いてしまいます。現実に足をつけるために、非常に難しい公案をぶつけていきます。通れないような公案で鍛えていく。そこで、どこまでいけるかというと、向上で錬り上げることで、私があなたであなたが私、という世界を開いてもらおう、というのです。

ですから、大事なのは、私があなたで、あなたが私。鏡も大事ですが、鏡抜きで人と人が出会った時に、私があなたで、あなたが私と言える。これは臨済禅の極意だと思います。曹洞宗のことはひとまず措くとして、臨済禅の極意は、こうなれるかどうか。なれるところに修行の値打ちがあるのだ、と思えてなりません。

# 仏向上の世界へ

頌をみますと、臨済や徳山と違って、洞山和尚は質問に言葉で対している。優しい宗旨のようだけれど、どっこい、わからんだろう、ということです。わからないところが本当はいいのです。混沌というところに私たちは帰らなくてはならないと思うのです。混沌が私たちの故郷なのかもしれません。私たちは知恵がついて混沌ではなくなります。混沌でなくなってくる。もしかしたらその時に、大事なことを忘れてしまっていたのかもしれません。どこから生まれてきたか。混沌の世界から生まれてきたということを。

一人一人のいのちを分けてしまっていますね。一つのいのちを二つにも三つにも分けて迷っているのです。それが無字で坐って、百のいのちがあるとすると、百のいのちが全てそこにある、という世界が見えてくる。空の世界です。それが修行の成果です。

「正偏《しょうへん》何ぞ必ずしも安排に在らん」。正をおこうか、偏をおこうか、ではないのだ、というのです。そして今度は、ガラッと形を変えた例を出しておられますね。

「忍俊たる韓獹《かんろ》も空しく階に上《のぼ》る」。その前に「瑠璃《るり》の古殿に明月照《かがや》き」とあります。瑠璃の古殿が鏡、そこに明月が映って輝く。宝鏡三昧ですね。すると、忍俊たる、負けん気の強い韓獹、獰猛な犬、よく訓練された犬、とも言われるようです。それが「空しく階に上《のぼ》る」。映っている月を取ろうとするのでしょうか。しかし月は天上にあるので空しい。古殿に登っても月は取れないぞ、と言っています。

これにはどのような意味があるでしょう。あれは映っている月だ、と私たちはわかります。分別がある。分別も大事です。犬にはそれがわからない。ある意味では、無分別のエネルギーが大事なのですが、分別も大事なのです。仏向上とも言いますが、仏にもとらわれないということ。お釈迦様にもとらわれてはいけないわけです。とらわれてしまったら、それを一番悲しむのがお釈迦様でしょう。私たち自身にかえるのです。

あなたたち自身をみてください。あなたたち自身、一人一人の足元にお釈迦様がいるのです。私と同じいのちが見出されるはずだ。私はその案内をしてきただけだ。縁が尽きてここで消えていくけれども、あとは、みなさんが足元を掘っていただければいいのだ。そこに私のいのちと寸分違わぬいのちが見出されるはずだ、とお釈迦様が言ってくださっているように思います。

五位については、言い尽くせるものではないですね。それを五つの段階に分けて、最後に言ったようなことを五位が言ってくれているのだと思います。

# よく鼓を打つ——第四四則「禾山解打鼓」

【本則】挙《こ》す。禾山《かさん》垂語して云く、「習学、之を聞《もん》と謂い、絶学、之を隣《りん》と謂う。此の二つを過ぐる者、是を真過と為す」。僧出でて問う、「如何《いか》なるか是れ真過」。山云く、「解《よ》く鼓《く》を打つ」。又た問う、「如何なるか是れ真諦《しんたい》」。山云く、「解《よ》く鼓《く》を打つ」。又た問う、「即心即仏は即ち問わず、如何なるか是れ非心非仏」。山云く、「解く鼓を打つ」。又た問う、「向上の人来たる時、如何《いか》にか接する」。山云く、「解く鼓を打つ」。

【頌】一に石を拽《ひ》き、二に土を般《はこ》ぶ。機を発するは須是らく千鈞《せんきん》の弩《ど》なるべし。象骨《ぞうこつ》老師曾て毬《まり》を輥《ころが》すも、争《いかで》か似《し》かん禾山の解《よ》く鼓を打つに。君に報じて知らしめん、莽鹵《もうろ》なること莫れ。甜《あま》き者は甜《あま》く、苦《にが》き者は苦《にが》し。

## 「解打鼓」――習学・絶学・真過をこえて

この則は垂示が欠けております。いろんなことが出ている則だと思います。まとめてみますと、こうなると思います。

習学という言葉が出てきました。次に絶学。これは私たち、幼い時にいろんな塾がありまして、書道やそろばん、柔道を習い、学ぶ。そして絶学というのは、学び尽くしたという意味でしょう。仏教の話をするために平たくしますと、習学というのが俗諦。絶学は、真実がそこにある、真諦。習学を通じて行き着くところは、真なるもの。絶学というのは、真をつかんだ、ということを言うのではないでしょうか。

俗諦と真諦ですが、もう一つ、聖諦があるというのですね。聖なる真理。碧巌録第一則は仏心天子と言われた梁の武帝が達磨さんに「如何なるかこれ聖諦第一義」と問います。その聖諦です。私も長年、仏教を学び、行じてまいりまして、俗諦と真諦はどうやら飲み込めたのですが、仏教はその上に、習学と絶学を一つにして、聖諦第一義というのを置いていますが、それはどういうことなのでしょうか、という質問を、武帝は達磨さんに発したということですね。

ここでは俗諦という言葉を使わず、「習学之を聞《もん》と謂い」と言って、「聞」としていますね。耳で聞いて覚えるというのは、人から聞いて覚えていくというところに主体があるのだと思います。聞いて覚える。それが習って覚えるということです。

「絶学之を隣《りん》と謂う」。どうして「隣」かというと、白隠さんの言葉ですが、その隣がもう空なのだ、と。これが絶学。ほとんど空に届いているところが隣です。

「此の二つを過ぐる者、是を真過と為す」。「真過」が聖諦第一義なのだと思いますね。過ぎるというのは、行くということですね。真にたどりつき、その真をも通り過ぎて行く、と取ればいいでしょう。

聖諦第一義とは何かと問われて、達磨さんは「廓然無聖」と言いました。「此の二つを過ぐる者、是を真過と為す」。これを第一則では、真過を聖諦第一義と出しているのだと思います。

すると、習学、絶学、真過と三つの言葉が出ているのですが、そうすると、どうしても最後の真過を問いたくなりますね。そこで「僧出でて問う、如何《いか》なるか是れ真過」。すると、禾山和尚の答えは「解《よ》く鼓《く》を打つ」。

達磨大師が廓然無聖と答えたところを、こう答えた。どういうことか。達磨さんの答えの方がまだわかりますね。「解《よ》く鼓《く》を打つ」という答えは、ここで四つも出てきます。四つの問いに対して、すべて「解《よ》く鼓《く》を打つ」と答えている。これはどういうことでしょうか。

二つ目の問いです。「又た問う、如何なるか是れ真諦《しんたい》」。最初の問いは、真過、真を超えて行く、ということでした、これを聖諦第一義だと言いました。ところが今度は、過を残し、真という真理はどういうことでしょうか、と尋ねます。すると答えは同じ、「解く鼓を打つ」。

臨済録の序にある言葉ですが、「妙応無方」とありますね。どこから来られても見事に対応できる、という意味です。どこから打ってかかられても見事に対応できる。しかも、後に何も残さない。「妙応無方にして、朕跡《ちんせき》を留めず」というかたちで続きます。それが真過です。

妙応無方が「真」。見事な対応をしたけれども、何も止めない。後も残さない。これが

「過」。それが聖諦第一義でしょう。そこを達磨さんは廓然無聖と答えているのです。聖なるものは何もない。ところがこの僧は、真そのものは何かと問うわけです。ここでも同じ答えです。「山云く、解《よ》く鼓《く》を打つ」。

問いを発しているのが、ほかの僧か同じ僧かは問題にしないでください。同じことです。次に、「又た問う、即心即仏は即ち問わず、如何なるか是れ非心非仏」。「即心即仏」は馬祖道一禅師の有名な言葉です。私たちの個の心そのものが仏だと言います。これでたくさんの人が救われるということが禅の歴史上起こってきます。こんどの質問は「非心非仏」。馬祖道一禅師が非心非仏とも言われた。心にあらず、仏にあらずと言われた。これはどういうことでしょうか、と問います。すると「山云く、解く鼓を打つ」。同じ答えです。

そして最後の問い。「又た問う、向上の人来たる時、如何《いか》にか接する」。何を聞いても「解く鼓を打つ」という答えが返ってくるので、聞く方も腹が立ってきたのでしょうね。真面目に聞いてくれているのか、と。「向上の人」、あなたの前に達磨さんが出てきたら、慧能大師が出てきたら、それでもあなたは同じ答えをするのでしょうか。私のような者だから、そのような答えをするのではありませんか。それに対しても、「山云く、解く鼓を打つ」。これで終わってしまいます。

## 「体・相・用」ということ

これは何を指し示そうとしているのでしょうか。禾山和尚のお心は何なのだろうか。ここでは「解く鼓を打つ」と読み下していますが、原文の読み方には「解打鼓《かいたく》」という読みもありますね。これが良いと思います。調子がいいです。この第四四則には、お坊さんたちがたくさん解釈を書いています。ですから、提唱では解打鼓とも言わず、太鼓の音そのものを出すのです。まさに最初の「聞」です。太鼓の音そのもので、提唱をしている場合が多いと思います。

なぜ太鼓の音がすべての質問の答えになるか。文字ではないでしょう。「解く鼓を打つ」ということを言葉で解釈しても、どうにもならないと思います。

もう一つ、東洋のものの考え方として言われる言葉で、「体・相・用」という言葉があります。体は本体。本体ですから見えません。それが姿として現れたところを、相と言います。本体の働きを、用といいます。禅では用を「ゆう」と読みます。体・相・用。ここの頌に、雪竇さんがどうご覧になったかが現れています。

もう一つ申しますと、禾山和尚という方は、達磨さんが初代で、六代目は慧能大師。この二人は神格を帯びていますね。慧能の弟子に二人の偉大な人が出ました。一人が青原行思和尚、一人が南岳慧讓和尚。青原和尚の弟子が石頭希遷、南岳和尚の弟子が馬祖道一。ともに、百歳近くまで生きています。ですからお二人は大活躍されました、二大甘露門です。江西・湖南で大活躍しました。ここの主人公、禾山は青原和尚の系列です。ですから、曹洞宗につながる方です。それに対して臨済宗は南岳、馬祖の系列ですから違いますけれども、馬祖道一の言葉をこうして使っています。ですから、唐時代は宗派根性なく、各道場が行き交ったということだと思います。

頌にまいります。「一に石を拽《ひ》き、二に土を般《はこ》ぶ」。これは、体・相・用でいくと、どこにあたりますか。完全に用ですね。石を引いたり、土を運んだり、ですから。大燈国師がこの公案に対して頌を作っておられますが、大燈国師は出だしで「天上の星、地下《ちげ》の樹」と言っています。これはどこにあたるでしょうか。私はこれに触れた時、すごいな、と思いました。雪竇はどちらかというと曹洞系の方ですが、その雪竇が用で表していますから、まさに相で示していらっしゃるんですね。体・相・用は一つですから、どれで示してもいいのです。体でもいいのですが、体では実態がありませんからね。

「天上の星、地下の樹」。どういうお心でこう謳い上げたのでしょうか。出だしですが、中国の人は出だしを大切にするといいますね。なぜ真っ先にこう謳い上げたのでしょう。それは、まさに諸法実相ということでしょう。私たちは、これを諸法実相だと受け取らなくてはならないと思います。大燈国師からみたら、すべてが諸法実相だということです。

それに対して、雪竇は「一に石を拽《ひ》き、二に土を般《はこ》ぶ」と言います。作務です。禅は体・相・用の中で用を大事にする。用を強調するのが禅です。雲水は普段、作務に走り回っています。作務が大事なのです。

「機を発するは須是らく千鈞《せんきん》の弩《ど》なるべし」と続きます。機は働きです。こうみますと、大燈国師は雪竇の頌を見て作っているようですね。ここでは「機を発する」ですが、大燈国師は「覿機《てっき》」と言っています。その働きに直面する。石を引いたり、土を運んだりする、その働きを目の当たりにしたら、ここでは「機を発するは須是らく千鈞《せんきん》の弩《ど》なるべし」。

馬祖の弟子と思われますが、昔、猟師をしていた人がいまして、その人は和尚になってから、修行者が訪ねてくると、この千鈞の弩、大きな弓の矢を雲水の胸元めがけて向けたと言います。雲水は恐れをなして帰ってしまうということがあったようです。

「機を発する」は、石を引いたり、土を運んだりすること。当たり前のことですが、そこには氣概と言いますか、千鈞の弩を雲水の胸元めがけて構えるような心が入っているぞということでしょう。やっていることは誰でもできることだが、その中には大きな志が入っているぞ、ということでしょう。雲水がやっている作務は、専門の業者さんには及びませんが、そこには大きな大きな志が込められているぞ。けれども、わかりませんね。修行者は和尚がひく矢に恐れをなして質問をしないで帰ってしまうのですから。

「象骨《ぞうこつ》老師曾て毬《まり》を輥《ころが》すも」。象骨和尚というのは、雪峰禅師。禅師は昔、初対面の人には木で作った鞠を転がした。いろんな方がいろんなことをやっているけれども、「争《いか》で似《し》かん禾山の解《よ》く鼓を打つに」。禾山和尚にはかなわない、と言っているのです。本当かどうかはわかりませんよ。持ち上げる時の書き方ですからね。こうも言えるということでしょう。

「君に報じて知らしめん、莽鹵《もうろ》なること莫れ」。莽鹵が問題です。いい加減に、という意味でしょう。いい加減にここを取ってはいけないぞ、と注意をしている。よく噛んで飲み込めと言いますね。どんな問いが出ても、解打鼓と答えればいい、などと受け取ってはいけないぞ、ということでしょう。では、どう取ればいいのでしょう。

## 公案修行とは

これは修行の本質に関わることです。公案体系というのがあります。どうなっているかと言いますと、法身、機関、向上と、三つに分けています。これで公案の全てを尽くす。こういうかたちで中国から日本に入ってきました。これは鎌倉時代ですから、江戸時代の白隠さんはもっと細かく分類しています。けれども、それも三つに集約できます。

体・相・用の体は、法身。私たちの身体は色身です、形がありますから。私たちの色身が、そのまま法身なのだということに、なんとか気づいてほしいと出される公案がある。趙州の無字はまさにそれです。形があると思っているけれども、ないのだ。あるのかないのか、七転八倒するわけです。ある時に頷ける。この身そのまま法身なのだと頷けるわけです。それを狙っての公案が最初のものです。法身の公案。本来底ですね。本来の面目、といいます。私たちのからだは法身だ、となる。

それが自覚できると、今度は機関の公案を次々とぶつけていきます。機関は現実です。現実に重きをおくのです。法身の公案は本来底に重きが置かれます。本来のところをどうやら飲み込んだら、今度は現実を大事にして、色身を大事にして、本来の自分を手繰り寄せる、ということですね。

そうするとどうなるでしょうか。法身を学ばせるために、古則公案を使います。ですから趙州和尚が出てくるんですね。古則を使って、なんとか法身をつかんでほしい。すると次は機関、現実です。これは古則公案に対して、現成公案と言います。現実のことです。即心即仏というのは古則ですね。それに対して非心非仏というのは現成と言えるでしょう。現成が一番多いそうです。現成公案を次々とぶつける。現実を大切にするんです。現実で活かせるように仕向けていくのです。目指すところはそこなんです。現実でしっかり働けるように、機関という公案をぶつける。

ここまではいいのですが、もう一つ、向上というのがあるのですね。ここに、本当に禅が禅たる所以があります。それが最後にあります、「向上の人来たる時、如何」でしょう。

## 「甜き者は甜く、苦き者は苦し」——個と全と

第一に、達磨さんの聖諦第一義を問いました。それはいったい、この三つの体系のどこ

に当たるんでしょうか。真過は真諦よりも大事なんだといいました。過は行くという意味では、修行の行に通じます。ですから、真過は機関だと捉えていいでしょう。真諦を法身と見たらどうでしょうか。法身だけでは足りないのですね。どうしても真過が必要になってくる。そして、それは向上にまで及ぶのだ、というふうに取ったらいいのではないかと思っています。

そして最後の「莽鹵《もうろ》」、いい加減に、ということ。これも、臨済録の序にあるところですが、「なお一喝を余して、商量せんことを要す」という言葉がありますね。一喝せずにもっと問答しろ、そういうところだと思うのです。解打鼓で済ませるな、と言っているのだと思いますね。

頌の最後、「甜《あま》き者は甜《あま》く、苦《にが》き者は苦《にが》し」。甘いものは甘いのだ。苦いものは苦いのだ。それは私たちは知っていますが、どれくらい甘いか、となると、わかりません。そこですね。同じ解打鼓という答えだけれども、中身は違うのだ、ということです。言葉は同じだけれども、その甘さ加減、内容は一つ一つ違うのだ、と言えないこともないですね。

例えば太鼓の音。一番はっきりしているのは、ドドン、ドーンドン、と打ちますね。同じだというが、それでも一つ一つ中身は違うということです。同じ太鼓の音でも、ある時は喜びにあふれる音かもしれないし、悲哀に満ちた音かもしれません。一つ一つが違う。そう見なくてはならないのです。

「聞」とありましたが、その音をどう聞くか。それは私たち自身の問題だと思います。そのところを、昔の人は「展《の》ぶる則《とき》んば法界《ほっかい》に弥綸《みりん》し」、と大きくやったのです。「収めるときには髪の毛一本にも収まる」と。それが私たちのいのちなんです。太鼓の音はいのちの実際のどこかを打っているのです。それがどこかは、私たちが聞き取らなくてはならない。「天上の星、地下の樹」と謳って、諸法実相とできたのは、大燈国師だからできたことです。誰でもがそうとは言えない。

最後に申し上げたいことは、個と全ということです。お釈迦様は言いました、自己を島としなさい、と。島が全に当たるのでしょう。禅の体・相・用を掴みやすくするために、個と全ということを頭に入れておいていただきたい。個と全がどう関係しあうか。私たちのいのちの働きも、その時その時のありさまだと思うのです。

どうして、「展ぶる則んば法界に弥綸し、収《おさ》むる則んば糸髪《しはつ》も立せず」ということが大事かというと、私たちのいのちのありさまを言ってくれているからです。他人事ではないのです。大きく展びた時には全宇宙にまで行き渡ってしまうのでしょう。収まった時には、自分一個よりも、さらに小さく小さくなる。けれど、自分だけといっても、天上天下唯我独尊、そういう個なのです。こうした個と全の関係をしっかりつかんでいただけたら、ありがたいと思います。

## 万法は一に帰す――第四五則「趙州万法帰一」

【垂示】垂示に云く、道《い》わんと要《ほっ》すれば便《すなわ》ち道《い》いて、世を挙《あ》げて双《なら》び無く、行ずべきには即ち行じて、全機譲らず。撃石火の如く、閃電光に似たり。疾焔過風《しつえんかふう》、奔流度刃《ほんりゅうどじん》。向上の鉗鎚《けんつい》を粘起《ふりあ》げられて、未だ免れず鋒《ほこさき》を亡《うしな》い舌を結ぶことを。一線《ひとすじ》の道を放《はな》って、試みに挙し看ん。

【本則】挙《こ》す。僧、趙州《じょうしゅう》に問う、「万法は一に帰す。一は何処《いずこ》にか帰する」。州云く、「我《われ》青州に在りて、一領の布衫《ふさん》を作る。重きこと七斤」。

【頌】編辟《へんぺき》曾て挨《つ》く老古錐《ろうこすい》、七斤の衫の重さを幾人か知る。如今《いま》、西湖の裏《うち》に拋擲《ほうてき》す、清風を下戴《あさい》して誰にか付与《あた》えん。

「万法は一に帰す」

「垂示に云く、道《い》わんと要《ほっ》すれば便《すなわ》ち道《い》いて」。要を「ほっする」と今は読むようですね。元の意味は要す、必要である。必要だから語るんだ、ということでしょうか。

維摩の一黙と言いますね。禅は、説くのはよろしくないと言われますが、言うことが必要な時は、必要に迫られて大いに語る、ということでしょうか。「世を挙《あ》げて双《なら》び無く」、禅者が語り始めると、世の人が語れないところを語る、ということでしょう。

動くほうはどうか。「行ずべきには即ち行じて、全機譲らず」。その働きは、誰にも譲らない。独特の素晴らしい働きを見せてくれる。「撃石火の如く、閃電光に似たり」。その言葉、働きは、あっという間に消えてしまう。素晴らしい働きを見せてくれるけれど、あっという間に消えて何一つ残さない。無心にして初めてできる言動のありようです。

「疾焔過風《しつえんかふう》」、早き炎、過ぎる風。炎のようにもえさかり、風のように吹いてすっと消えてしまう。「奔流度刃《ほんりゅうどじん》」、水の流れが激しい、その激しい水の流れのように、あるいは、刀の刃の上を渡るような、そういう働きをする。水が流れるように言葉を吐き、刃の上を渡るような、想像できない働きを見せてくれる。

「向上の鉗鎚《けんつい》を粘起《ふりあ》げられて」。「向上の鉗鎚」は、ここでは趙州の言葉を指しているのでしょう。問いに対する答えとして、向上、つまり、仏のその上の答えを投げかけられている。「未だ免れず鋒《ほこさき》を亡《うしな》い舌を結ぶことを」。刃が役に立たないということでしょうか。口の方も結ばざるをえなくなってしまう。

「一線《ひとすじ》の道を放《はな》って、試みに挙し看ん」。そこに一筋の道が通っているというわけです。向上の答えには、一筋の道を表している。わけがわからないものではない。一筋の道が通っている。そんな例を挙げてみるから、よく見てくだされ、という垂示でしょう。

「一は何処にか帰する」

「挙《こ》す。僧、趙州《じょうしゅう》に問う」。ある僧が、あの有名な趙州和尚に問うわけです。「万法は一に帰す」。全ての存在は一つに帰っていく。それは、そうですが、その「一は何処《いずこ》にか帰する」。いったいどこへ帰っていくのでしょうか。一止《いち》まりなのでしょうか、それとも別のところへ出ていくのでしょうか。

それに対して「州云く」、これが向上の答えでしょう。「我《われ》青州に在りて、一領の布衫《ふさん》を作る。重きこと七斤」。わしは、青州にいた折、一領の衣を作った。七斤ほどの重さだったぞ、と。これが「一線《ひとすじ》の道を放って」いるということでしょうね。

入り組みを解明しますと、どうなるでしょう。具体的なことで答えているところに、禅を見たいと思うわけです。例えば、皆さんが知っている言葉で言えば、どんな言葉があるでしょう。「万法は一に帰す」、お経のことばはまた違いますね、色即是空と押さえます。禅では「一人は孤峰頂上にあって出身の路なし」という押さえ方をするのですね。

般若心経で言えば、色即是空。色が潰れて空が出てくる。空になったとも言えると思いますが、そうしますと、空はいったいどうなるのか。般若心経では、空即是色と、すぐに色に帰ってきますね。臨済禅師が悟りを開いたときに思わず叫んだことは、「黄檗の仏法、多子なし」でしたね。複雑ではないんだ、極めてはっきりしている、というのです。

空の他に何かあるわけではないのですね。究極の世界に届いたら、その空からどこへ帰るのか。多子なしです。究極の世界ですから、それ以外にはない。色に帰るしかない。色に帰る、というのが禅の独特のところでしょう。空にいろいろ付けるのではなくて、色に帰るだけなのです。

差別《しゃべつ》の世界と平等の世界。差別の世界に生きている私たち（有）が平等の世界（空・真空無相）に出る。平等の世界からどこへ行くかというと、また差別の世界（真空妙有）に戻ってくる。けれども教相の上では、帰ってきた色と最初の色は違うというのですね。帰ってきた色は、妙有だというのです。

一と万法が一つになったところ。妙有の世界を吐き出しているわけです。一領の布衫、一着の着物なのですが、それを吐き出した人が空に触れていることによって、それが単なる一着の着物ではない。何になるかというと、妙なる一着の着物、となるのではないでしょうか。

空開とは、あると思っていたことがなかった、そこに気づくことが大事なのです。理屈ではなく、一番大事なことは、本人が変わるということです。私は空開と言って、空の世界を説き続けてきました。この碧巌録の提唱も三冊目が出ましたね。三冊目になって、皆さんがわかってくだされぱいいのですが、わからない方にはだんだんうんざりしてきますよね。

それで言われたことがありますが、空を説くのではなくて、本来の面目のかたちで説いた方が、空の大事さをわかってもらえるのではないか、と助言をもらいました。妙有でいきますと、空のところも理解してもらえるのではないかと言われました。ここでも趙州は妙有で言っています。

いろんな言い方をしていますが、単なる色というのは空を除いています。空に開けることによって、地・水・火・風さらに空となります。空は目に見えませんし、手に掴めませんね。ですからその四大のところに空を見ている人なのか。ただ四大を生きている人なのかはわかりませんね。

七斤の重さというのは、布衫の重さ。ただ七斤というのではなくて、そこに空なるものを見ている、その重さ。私は本人が変わることが一番大事だと言いましたが、それは空を感じ取れるようになることです。何も難しいことではない。もともと空だというお話がありましたが、そこを捉えて、本来の面目というかたちで出した方がよくわかるのではないか、というアドバイスをいただきました。

「一領の布衫を作る。重きこと七斤」

それでは頌に入ります。「編辟《へんぺき》曾て挨《つ》く老古錐《ろうこすい》」、この挨は挨拶の挨、軽く触れるという意味です。拶は深く触れるという意味。「遠寺の鐘声を止めてみよ」という公案がありますね。遠い寺でつかれる鐘の音をここで止めてみよ、という公案です。この類《たぐい》の公案を無字の拶所《さっしょ》と言っています。無字に深く触れる問題を次々ぶつけるわけです。

それはそれとしまして、「編辟」は編み物。編みあげていきます。「曾て挨く老古錐」、これは誰をついたか、それは老古錐、趙州和尚だ、というのです。「万法は一に帰す」。ところが趙州和尚はそれに対して、「我《われ》青州に在りて、一領の布衫《ふさん》を作る。重きこと七斤」と答えた。

「七斤の衫の重さを幾人か知る」。果たして趙州の答えの本当の重さを何人の人が分かってくれようか。そこで終わりではありません。「如今《いま》、西湖の裏《うち》に抛擲《ほうてき》す」。西湖というのは雪竇が住んでいる西の方にある湖ですね、雪竇禅師は、その問いも趙州和尚の答えも一緒に、西湖の裏に放り込んでしまえ、といいます。わしだったら、問いも答えも湖に放り込んでしまう。つまり答えも空じてしまうのです。
「清風を下載《あさい》して誰にか付与《あた》えん」。何もなくなったところに、一陣の清風が通《かよ》ってくる、と。その清風の気持ち良さをいったい誰が感じてくれようか。こういうところだと思いますが、いかがでしょうか。

## 「西湖の裏に放擲す」

「万法は一に帰す」。それは承知しております。私がお尋ねしたいのは、一が、絶対平等の世界が、どこへ行くのかということです。さすがの趙州和尚も答えられないのではないかと危惧するような質問ですが、何ということなく「一領の布衫《ふさん》を作る。重きこと七斤」。このように答えてしまった、というわけです。それは、絶対平等の向こうにゴタゴタしたものを置かない、というところから、こういう答えがすっと出てくるのでしょう。

そうしますと、公案は法身、機関、向上の三つに分類できます。私たちのからだは色身、それが法身になるわけです。形が潰れて法のからだが自覚できる。法身、それが最初です。古則公案でなんとか法身の世界を見つけ出すのが、最初の禅の修行です。それができたら機関です。古則公案に対して現成公案です。現実の問題、今生きている私たちが当面している問題に、この法身で相対するわけです。それが、機関の公案。それを何度もやって、その上で出てくるのが向上の公案。向上は仏向上という言葉があるように、仏の上、という感じです。

頌で言っていますが、「如今《いま》、西湖の裏《うち》に抛擲《ほうてき》す」。西湖の中に問いも答えも放り込む、ということが向上の世界だと思います。仏の上ですから、例えば、「万法は一に帰す」まででしたら、神秘主義となんら変わらないでしょう。我々一人一人が絶対である。諸法実相と呼ぶ世界と神秘主義的な世界との別がないと思います。違いが出てくるのは、「如今《いま》、西湖の裏《うち》に抛擲《ほうてき》す」。

神秘くさいものはみんな湖に放り込んでしまおう、というのですから。神秘の二文字を消し去った世界、それを仏向上というのです。神秘を知らないわけではないが、神秘すら捨て去れるところが、向上、仏の上という世界だと思います。一切合切を捨て去って、清風を下載して、ただただ風だけ船に積み込んで、流れを下っていく。その快さをいったい誰がわかってくれようか。

一度は神秘を求め、仏を求めます。しかし、どこにも止まらないというのが、禅の生き方でもありますね。得たら捨て、得たら捨て、と言います。神秘も捨て、仏をも捨て、すっからかんになって、風を真っ向に受けて下っていく。その心地よさ。いったい誰に分け与えようか。こういうところではないでしょうか。

# 雨だれの音——第四六則「鏡清雨滴声」

【垂示】垂示に云く、一槌にして便《すなわ》ち成り、凡を超え聖を越ゆ。片言もて折《さだ》むべく、縛《ばく》を去り粘《ねん》を解く。氷凌《こおり》の上を行き、剣刃《やいば》の上を走《ゆ》くが如し。声色堆裏《しょうしきたいり》に坐し、声色頭上《しょうしきとうじょう》を行く。縦横の妙用は則ち且《さ》て置く、刹那に便《すなわ》ち去る時は如何。試みに挙《こ》し看ん。

【本則】挙《こ》す。鏡清《きょうしょう》、僧に問う、「門外是れ什麼《なん》の声《おと》ぞ」。僧云く、「雨滴《あまだれ》の声《おと》」。清云く、「衆生は顛倒して、己《おのれ》を迷《みうしな》い物を逐《お》う」。僧云く、「和尚は作麼生《いかん》」。清云く、「洎《かろう》じて己を迷《みうしな》わず」。僧云く、「洎《かろう》じて己を迷わざるの意旨如何」。清云く、「出身は猶お易《やす》かるべきも、脱体《さながら》に道《い》うは応《まさ》に難かるべし」。

【頌】虚堂の雨滴の声、作者《てだれ》も酬対し難し。若《も》し曾て流れに入ると謂《い》わば、依前として還《な》お会《え》せず。会するも会せざるも、南山北山転《うた》た霧霈《ほうはい》たり。

## 入矢義高先生の「雨垂れの音」

なかなか難しい感じのところです。そこで今日は、本則から見ていきたいと思います。入矢義高という先生がいらっしゃいました。亡くなられましたが、語録を読みこなして、私たちをしっかりした方向に導いてくださった、優れた先生です。その先生がここを訳していらっしゃいますので、そこから入ってみます。入矢先生の訳を次にあげます。「雨垂れの音」という題ですが、最初のところを読んでみます。

碧巌録第四六則に、鏡清雨滴声というのがある。その話はこうである。あるとき、鏡清和尚が僧に問うた、「門の外のは何の音かな」。僧、「雨垂れの音です」。鏡清、「衆生は顛倒して、己れを迷《みうしな》って物を逐うか！」。僧、「和尚さまはいかがです」。鏡清、「すんでに己れを迷《みうしな》わずに済んだ」。僧、「とはどういう意味でございますか」。鏡清、「出身は猶《な》お易かるべきも、脱体《さながら》に道《い》うことは還《かえ》って難し」。この公案の眼目は、最後の鏡清の言葉にある。

こうおっしゃっています。なんでもない問答ですね。しかしこれがなかなか厄介です。この厄介さは何ゆえか、ということになるかもしれません。

もう一度、本則を見てみましょう。「鏡清《きょうしょう》、僧に問う、門外是れ什麼《なん》の声《おと》ぞ」。声に「おと」とフリガナが振ってあります。こういうのが新しいところです。「こえ」でもいいのですが、「おと」と振っています。「僧云く、雨滴《あまだれ》の声《おと》」。雨だれの音ですと答える。まっとうな答えのように聞こえますが、鏡清はこう言います。「衆生は顛倒《てんどう》して」、人々はひっくり返って、逆立ちして、「己《おのれ》を迷《みうしな》い物を逐《お》う」。自分を見失ってしまい、物を追いかけている、と。どこを見てこんなことを言われたのでしょうか。

そこで、僧は「和尚は作麼生《いかん》」。和尚さんはどうなのですか、と聞くわけです。すると、「洎《かろう》じて己を迷《みうしな》わず」。これがある意味、非常に難しいところです。どのようにとったらいいのか。

入矢先生は「すんでに己れを迷《みうしな》わずに済んだ」と言っています。そこで僧が尋ねます。「泊《かろう》じて己を迷わざるの意旨如何」。それはいったいどういうことですか。すると最後に「出身は猶お易《やす》かるべきも、脱体《さながら》に道《い》うは応《まさ》に難かるべし」と答えた。入矢先生も、肝心要はこの最後の鏡清の一言だとおっしゃっています。

入矢先生は、「この公案の眼目は、最後の鏡清の言葉にある」の後に続けて、この最後の「眼目」から説明しようとしておられます。続けて読んでみます。

「この二句は、すでに中村元氏の『東洋人の思惟方法』第一部に引用されて、『身心脱落の体験をえることはむしろ易しいが、その境地をありのままに表現することは容易でない』とパラフレーズされている」と。中村元先生がもう、そういうふうに訳されている。「大意はそれで誤りない。『脱体』はまさに『ありのままに』の意であり、『さながらに』『そのものずばりと』の意である」と。

そこに加えて、「原文の『還って難し』は『碧巌録』では『応に難かるべし』となっているが」、――一字、字が違うというのですね。上の句に、「出身は猶お易かるべきも」と、「猶」の語があるだろうと。「猶」の字があるときは、下の句は、「応」ではなく、「還」の字であるというのです。そこで、「『猶』との対応から、『応』は明らかに誤りなので、もとの資料である『祖堂集』に従って、『還』に訂正する」と言っています。

祖堂集のほうが時代的に古いのです。唐の時代の原典ともいえます。祖堂集によって、「還って難し」と読むと。「応に難かるべし」は誤植だとおっしゃるのです。そのように、読んでいただいたらよろしいと思います。

続けて「この鏡清の言葉は要約すれば」、つまり最後の二句ですが、「『悟りを開くことはまだしも易しい。その悟りをさながらに語ることの方が、かえってむつかしいのだ』という意味である。では、どうしてこういう答えでこの問答は締めくくられたのか。そこで始めに戻ろう」と言うのです。

## 鏡清和尚の感懐

入矢先生は続けて「『門の外のは何の音かな』。『雨垂れの音です』。ここまでは何のコメントも不要である。問題は、この僧の答えを承けた鏡清の言葉である」。このあたりから話がこみ入るというのですね。「衆生は顛倒して、己《おのれ》を迷《みうしな》い物を逐《お》う」とありますが、

「それは、『楞厳経』の巻二と巻七にある言葉そのままであるが、ここでは鏡清みずからの沈痛な感慨が裏打ちされている」というのです。このあたりが入矢先生独特なのですね。この言葉には、鏡清和尚の沈痛な思いが裏打ちされているのだ、と。

「そのことは次の『すんでに已れを……』という説明がそれを証する」。――「すんでに云々」の原文は「洎不迷已」です。この「洎」は、従来は「ほとんど」と読まれてきたのですが、入矢先生は「かろうじて」と読んでいるのです。「かろうじて已を迷《みうしな》わず」と。洎という字は、「あやうく～するところだった」という意味の副詞で、古くは「危」とも書かれ、元・明時代には「険」とも書かれたそうです。

だから「ここは『すんでに已れを見失うところだったのだ』と解してもよい。つまり『あぶないところだった、もうちょっとで已れを見失いかけたのだ』というのであり、ゾッとして身ぶるいしている語気である。そこがこの言葉の大事な点なのであり、従って前の感慨の言葉『衆生は顛倒して云々』は、当然、鏡清じしんが慄然として身ぶるいしながら発した嘆息なのである」。

他人事じゃないんだというのですね。自分も含めての衆生なのだというのです。「衆生」とは、自らをそこに据えていったのであり、旧解――昔の解釈ですね――が、相手の僧を指して叱ったものとするのは、まったくの見当違いである、と言っておられます。しかも、昔の解釈は、「迷己」を「己に迷う」と読んでいるが、これは誤読だというのです。

「『ああなんとこのおれは、あの楞厳経に戒められている過ちをすんでに犯して、己れを見失うところだったのだ』という、慄然とした怖れの言葉だったのである。つまり、僧の答え、『雨滴声』は、彼にとっては思い設けぬ、いわば天来の声だったのであり、ムササビの鳴き声や、投げた瓦が竹に当たって発した音が、先輩の祖師たちを激発させたという消息と同じものである」。

先輩の祖師方を悟りに導いたあの音と、違った音ではないのだ、と先生は読み込むのです。「あの雨滴声は、彼にとっては、この経の巻六に『衆生は本聞を迷《みうしな》って、声に循うが故に流転す』というところの『本聞』と聞こえたのであった」。

「本聞」といっていますね。「本来の自己の聞」ということを見失って、「声に循うが故に流転す」という、そこのところ、雨垂れの音が鏡清には「本聞」として聞こえたというのですね。いかがでしょうか。

入矢先生は続けます、「そう答えたその僧には、しかしそのことの自覚はない。しかし鏡清は親切に自分のその感慨の内実を説いてやった――『実はすんでに己れを見失いかけたのだ』と』。そう親切に言ったけれども、修行僧はそれはいったいどういう意味なのですか、と尋ねます。その再度の問いに対しての答えが、あの最後の二句なのだと。「その趣意を、その言葉に則して言い換えるなら、『悟りを得ることはむしろ易しい。むつかしいのは、その悟りの中に埋没することで己れを見失うことなく、その悟りを客体化してピタリと言いとめることなのだ』ということに他ならない。この鏡清の語のズシリとした重みを、しかし『碧巌録』での雪竇の頌は全然受けとめていないし、同じく圜悟の評唱と著語も、この鏡清の語をまるで有って無きがごとく軽視している。日本での従来の理解も、みな同様である」。

入矢先生の考えは従来の解釈に変更をせまるわけですが、入矢先生の見方を軸にしますと、垂示もわかりやすいと思います。

## 「禅は詩である」

垂示を見てみましょう。「一槌にして便《すなわ》ち成り」。「成り」は「仏と成り」で、見性ということでしょう。「槌」は小づちです。八角の槌で行事の時に打ちます。これから説法がはじまるぞ、ということで、「諦聴《たいちょう》、諦聴」といって何度か打つのです。これは一槌でいいというのです。カチッと振り下ろされたとき、すでに見性してしまうというのです。

その「成り」の内容が、「凡を超え聖を越ゆ」。凡人だとか聖人だとかを飛び越えて、本分、本来の性、本来の面目を成就してしまう、ということです。

次も同じようなことでしょう。「片言もて折《さだ》むべく」。もう最後は一句です、鏡清和尚が言ってくれていますが、長い言葉はいらないというのです。一言もいらない、声が上がったとたんに、「折《さだ》むべく、縛《ばく》を去り粘《ねん》を解く」。今まで纏《まと》いつき縛られていた煩悩・妄想を取りほどいてくれるというのです。

「氷凌《こおり》の上を行き、剣刃《やいば》の上を走《ゆ》くが如し」。これは何を言っているかというと、本則の「洎《かろう》じて己を迷《みうしな》わず」というところを、圜悟禅師は捉えていると思います。

そして「声色堆裏《しょうしきたいり》に坐し、声色頭上《しょうしきとうじょう》を行く」。声というのは、色・声・香・味・触・法という、六境ですよね。その六境の真っただ中に坐る、坐《い》ながらにして同時に六境の頭の上を行く、大神通力を発揮させるのだ、と。そしてそこに縦横無尽、自由自在の妙なる働きが出るということは「則ち且《さ》て置き」、しばらく置いておいて、「刹那に便《すなわ》ち去る時は如何」。「刹那」というのは、「一瞬」の六十三分の一くらいの非常に短い時間ですが、「便《すなわ》ち去る」。去るというのは、解決がつく、落ち着き場所をえる。それが、去るです。一瞬も待たないで、一槌も要しないで、刹那にわかった、こいつだ、と言えるような問答がどこにあるか。一つここに挙げてみるから、よく見るように、と。

そう言って、雨滴声の公案が挙がっているのですね。さて、そうすると、どう見たらよろしいのでしょうか。

雪竇もわかっていないと入矢先生は言っておられるのですが、一応、雪竇の頌も見てみましょう。入矢先生の文章は、古田紹欽先生の全集の月報に書いたもののようです。短いものですから、最後のところを読んでしまいます。

「鏡清は、あの僧の端的な、天衣無縫な答えに愕然とし、慄然となった。その一言の衝撃は彼の内奥を貫いて、反射的にあの『楞厳経』での仏の戒めを、反響《こだま》として呼び起こした。彼はゾッとなったのである。しかし、その深刻な驚きと怖れをくぐり抜けたあとの最後の二句は、これまたなんと不思議な言葉であろう」。

その二句の原文は一〇文字ですね。「『出身猶可易、脱体道還難』は、近代の五言詩としての平仄に叶った完全な詩句になっている――言われている事がらの内容は全然ポエジーではないにもかかわらず。また、禅はポエジーだとする西脇順三郎氏の世界が一方にあるにもかかわらず」。入矢先生は、言われていることの内容は詩とは全然関係ないと一応おっしゃっているのですが、詩人、西脇順三郎は、禅は詩であるといっているのですね。

続けて、「なぜこのように沈痛で厳粛な内容の事がらが、詩の形で表明されねばならなかったのか。散文の言葉では内容に対応しきれないと感じたからなのか。音調の諧和を帯びた詩の形式美こそが、もっともふさわしいものと感ぜられたからなのか。それとも、鏡清の深い内省が、おのずからにして詩の韻律を帯びた鼓動を打ちつつ、このような表現を取ることになったのでもあろうか」、と書いておられます。みなさんいかがでしょうか。

この公案に対して、このような文章を寄せてくださっているのですが、禅の方からいいますと、すごく簡単なことなのです。簡単なことは難しいのです。ある意味簡単で、ある意味難しいということになるのでしょうか。

## 本聞ということ——己事究明と禅

基本にかえりますと、禅は己事究明といいますね。自分を明らめるのだ。仏様、祖師方はこういうお人だと研究するのではなく、自分自身に参究する。禅は神仏を問題とするのではなく、自分自身を問題とする。これに尽きるのです。自分自身を究明しきったときに、すべてが、いっぺんに明らかになるというのが、禅の方法論だと思うのです。ですから、己事究明以外は脇稼ぎだ、己事究明に徹すればいいのだということになります。そして、その方法論として坐禅を持ってくるのです。坐禅を通して、自分の本体を明らめていく。「本聞」というのですが、音が聞こえてきます。そのもとは何か、訪ねていくのだ、というわけですね。そして、坐禅をしていくうちに、坐禅を通じて一つの力がついていく、沸いてくる。そういう力を、定力《じょうりき》といいます。禅定によって、禅定が深まるにつれて、そこに一つの力が湧いてくる。これが大事なのですね。

色即是空と言いますから、色がそのまま空なのです。ここでいえば、垂示のところ、「声色堆裏《しょうしきたいり》に坐し、声色頭上《しょうしきとうじょう》を行く」。色のままで空になっていく。色即是空ですから、般若心経そのままの状態になるのですが、しかし坐ればすぐになれるというものではありませんね。坐禅を通して、少しずつ空に近づいていくともいえると思います。行かしめるものは定力です。定力が身に満ちるにしたがい、空に近づく。そのとき、雨だれの音がどう聞こえたか、ということを問題にするのが禅です。

「鏡清、僧に問う」、この僧は修行者ですから、坐禅中心の生活を送っているわけです。何事につけても坐禅を中心に生活をしている。あるとき、雨が降ってきた、そして雨だれの音が聞こえてきた。そのとき、お師匠さんが「門外是れ什麼《なん》の声《おと》ぞ」、あの音は何か、と言ったのでしょう。弟子は正直に、雨だれの音です、と答えました。

それに対して、それで済まさなかったのが鏡清の鏡清たるところでしょう。何と言ったかと申しますと、「衆生は顛倒して、己《おのれ》を迷《みうしな》い物を逐《お》う」。こういう言い方をされた。ものに左右されているということです。ものに支配されてしまっている。雨だれの音という答えが、そうなんだと言わんばかりです。

ここでは和尚さんは除いているわけです。公案禅では和尚さんは除かれています。答えた修行僧をはじめ人々（衆生）というのは、と読み取るのが普通ですが、入矢先生はそうではなく、鏡清自身も含めて衆生として掴んでいるのです。

我々はつい雨だれの音を聞いて、雨だれですと答えてしまう、ということです。けれども、それは顛倒したことなんだ、と言っています。間違っていると。

それなら、何と答えたらよかったのか、となりますが、そういう問題ではないと思うのですね。そういう問題にしてしまうと、肝心なことがどこかへ行ってしまうと思います。

どう答えたらいいか。答えを見つけ出すことではなく、禅の定力を問題にする場だと思います。

雨だれの音をどう聞くか。そこに本聞が関係してくると思います。雨だれの音を本当に聞いたとき、どう聞こえるか、ということだと思います。

私がこんなことを申し上げるのは、一人の人にお会いできたからだと思います。苧坂光龍という方、――武蔵野の吉祥寺に井の頭公園がありますね。そこに武蔵野般若道場がありました。在家の道場ではありますが、そこのお師家さんです。

このお師家さんの雨だれの音の聞き方がすごいのです。わたしにはそんなふうには聞こえない。それは定力の違いなのです。一番大切なのは定力ということだと思います。定力によって、雨だれの音が全然違ってしまうのです。

雨だれの音というならば、みんな同じです。だけど全然違うのですね。その同じ老師から聞いた人も、それぞれ聞き取り方が違うのです。ですから、老師は人によって違う言い方をしたのかどうか、わかりませんが。たとえば、「子連れ狼」というのがありますね。「しとしとぴっちゃん、しとぴっちゃん」、あれも雨だれの音ですね。でも老師の聞き方は本当にすごいわけです。

ですから定力によって違うのだということ。どういうことか。定力はつけばつくほど、音が違って聞こえる。どうしてかというと、妙有といいますね。最初は有ですね。色即是空。空から帰ってくるときは妙有になってくるといいますが、まさに妙音です。

そうとしか言いようのない音を、聞かせてくれました。大切なのはそれだけだと思います。それを聞くと、答えなどどうでもいい。それ以上に定力は大切なのだ、妙音が坐《いなが》らに発せられるわけです。

## 疑問・反語・感嘆――「三歎の法門」によせて

雪竇の頌をもう一度読んでみます。「虚堂の雨滴の声」、漢文を読むと「虚堂雨滴声」。これだけで十分なんだ、ということですね。誰もいない、がらんとしたお堂に、雨だれが落ちている。その音ですね。それだけで十分なのだ、それが今までの解釈です。とりわけ漢文は、大事なものを最初に持ってきますからね。

「虚堂の雨滴の声、作者《てだれ》も酬対し難し」と。どのようなすばらしい働きのある方も、なんとも報いることができない。「若《も》し曾て流れに入ると謂《い》わば」と続きます。この「流れに入る」をどう解釈するか。いろいろあると思いますが、こういう言葉がありますね、「真常流注」。真なるものは常に流れ注いでいる、動いている。諸行無常です。真なるもの、三つありましたね。その一つが諸行無常でした。真なるものは常に流れ注いでいる。

それを頭に置いて、ここを見ていただきますと、「若《も》し曾て流れに入ると謂《い》わば、依前として還《な》お会《え》せず」。真なる流れに入った。それでもだめだと言っているのです。雨だれの音を聞いて、自分は真の流れに入れたといってもだめだ、と言っているのだと思います。もっと具体的でなくてはいけない、雨だれの音をどう聞いたか、それが肝心だと。それをはっきり見せてくれない限り、通さないぞ、というのです。

最後に言っていますね。「会するも会せざるも」、それが大事なのではない。大事なのは「南山北山転《うた》た霶霈《ほうはい》たり」、という一つの現実です。いま南山にも北山にも雨が激しく降りしきっている。こういう一つの現実です。それと同じように、諸行無常が分かったということよりも、まず禅定の深まった底から、どう雨だれの音を聞きとったか、それが大事なんだ。ただそれだけ、という感じに思えます。

真理というのは常に流れているのですから、いつまでもそこにとらわれてはいけない。雨だれの音をどう聞いたか。それを聞かせてくれ、という公案だと思います。

そこからいけば、道元が「己なりけり　軒の雨水」という、雨だれの音は自分のことだったという歌をつくっていますが、これもだめということになりますね。雨だれの音そのものになりきってこい、という公案でしょう。どういう音として雨だれの音を捉えることができたか、ただ一点、そこだ。こういうことだと思います。

## 「羊頭を懸げて狗肉を売る」

いつか、「鹿苑」という小冊子を配らせていただきましたが、そこに「三歎の法門」という拙文があります。読んでいただければと思っています。三歎の「歎」は、疑問文をつくる働き、反語文の働き、感嘆文をつくる働き、その三つを持っています。そこを、私は「三歎の法門」と名づけたのです。

入矢先生が挙げているところ、私はこの「三歎の法門」の中でいうなら、最後のところだと思います。こうだろうか、ああだろうかと、のたうちまわるところが破れて出る感嘆の世界で、詩の世界に近づいていきますね。禅が詩に近いといわれるのは、こういうところだと思います。けれどもそこに留まらず、もう一つ舞台が一転し、日常の生活、平常心是道という日常生活に戻ってくるところに、禅の禅たる所以があるのだと思います。

一度、感嘆の世界に飛び出す。ああ、こいつだった、これが雨だれの音だったんだ、とつかんでいく。それは感嘆の世界だと思うのです。雨だれの音が飛び込んでくる。これだ！と思う。これは感嘆以外のなにものでもないですね。そういうことで、掴んだやつはなくならないと思うのです。誰が何といっても、確信を持って言える。それが臨済の言う「信」だと思うのです。

脱体《さながら》に言えなければいけないのです。だけど、言えない。まだ言えないというのも、いいのではないですか。まだまだ先はあるのですね。自由自在とは言えない。いつか脱体《さながら》に説きたい。そうなってこそ初めて仏教になるのだと思います。

自分だけ分かったというならば阿羅漢です。阿羅漢もすばらしいけれど、それをもう一つ越えて、説いて、人を案内できる。それを脱体に言うは非常に難しい、けれどもそれが大事なんだということでしょう。仏法を自分だけのものにしないで、人様にお渡しするということ。それが、「羊の肉」というのではないでしょうか。

中国にことわざがあります。「羊頭を懸げて狗肉を売る」。羊の頭を看板にしているから羊肉だと思うけれど、実際には犬の肉。看板に偽りありという意味ですが、どんなにその雨だれの音を聞き得たとしても、それはしょせん、犬の肉に過ぎないと思うのです。羊の肉は何かと言ったら、それは何かに言い換えて伝えられるということ。それが羊の肉、仏教はそこを目指しているのです。

にもかかわらず、雨だれの音一つ伝えられない。これは悲しい。それではだめなのです。これこそが仏教だとお伝えできることが大事なんだということ。わかっていても、なかなかそこまでいかないのもまた、事実です。これもまだまだ先があることですから、いつか、できる時の来たらんことを。

# いずこにおいてか衲僧を見得する——第四七則「雲門六不収」

【垂示】垂示に云く、天何をか言わんや、四時行わる。地何をか言わんや、万物生ず。四時の行わるる処に向《お》いて、以て体《たい》を見るべし。万物の生ずる処に於て、以て用を見るべし。且道《さて》、什麼処《いずこ》に向《お》いてか衲僧を見得する。言語動用、行住坐臥を離《はな》却れ、咽喉唇吻《いんこうしんぷん》を併却《ふさ》いで、還《は》た辨得するや。

【本則】挙《こ》す。僧、雲門《うんもん》に問う、「如何なるか是れ法身《ほっしん》」。門云く、「六収まらず」。

【頌】一二三四五六、碧眼の胡僧も数え足《き》れず。少林 謾《みだり》に道《い》う神光《しんこう》に付すと、衣《すそ》を巻《から》げて又た説《い》う天竺に帰ると。天竺は茫茫として尋ぬるに処無し、夜来《ゆうべ》は却って乳峰に対して宿す。

## 見極める――儒教と禅

ここは、肝心要は「且道《さて》、什麼処《いずこ》に向《お》いてか衲僧を見得する」ですね。どんなことを言おうとしているのか。有名な雲門禅師の因縁です。

「垂示に云く、天何をか言わんや、四時行わる。地何をか言わんや、万物生ず」。ここまでは儒教の孔子様の言葉ですね。あるとき言われた言葉を圜悟禅師が垂示にもってきています。その論語の原文を、短いですから少しみてみますと、どうなるでしょうか。

孔子様があるとき言われた。自分は、これからは何も言うことをやめた。もうあとはしゃべらんぞ、と。それを聞いて弟子たちは困ってしまった。もし先生が何もお話にならなかったら、私たちはどうしたらいいのか。今までは孔子様がおっしゃったことを通して世の人々に語りかけていたのに、その元の孔子様が無言になってしまったら、私たちはどうしたらいいのでしょうか。

そうお尋ねすると、孔子さまは「天何をか言うや。四時行われ万物生ず。天何をか言うや」。儒教ですから、天が一つの根本です。天を見てみなさい、天は何も語っていないじゃないか、一言も言わないけれども、四時行われ、百物生ずだ。春夏秋冬といつも滞りなく変わってきているではないか。冬が続いて、その次は春、その次は夏、秋、そして冬。その時々にいろいろなもの、百物がそこに生まれ、育って、実をつけ、散っていくではないか。そういうことを言われた。そして最後に言います。「天何をか言うや」。いったい天が命令したのか、黙ったままではないか。こう言われたのです。

そうしますと、もうこれ以上話すのをやめたというのが、何となくわかってきますね。自分が何をいっても世の中はわかってくれない。もうしゃべるのをやめた。こういう「やめた」ではないのですね。もう十分に語りつくしたという意味に近い、そういう「予言うことなからんと欲す」という言葉だと思うわけです。

しかしそれはあくまで、儒教の話です。禅の方ではどうなるか。「四時の行わるる処に向《お》いて……」というのは、圜悟禅師の見方だと思います。「天何をか言わんや、四時行わる。地何をか言わんや、万物生ず」。これは孔子さまの言葉です。しかしそこに圜悟禅師が付け加えます。「四時の行わるる処に向《お》いて」、夏が来て秋が来るところに、「以て体《たい》を見るべし」。体・相・用という言葉がありますが、その体です。本体です。そこに本体を見るべきである。「万物の生ずる処に於て」、そこに用を見るべきである。

これは圜悟禅師のご意見ですが、捉われなくてもいいと思います。そんなに力を入れているところではないと思います。むしろ、「且道《さて》」以下の方が、力を入れて言いたいところでしょう。「什麼処《いずこ》に向《お》いてか衲僧を見得する」。衲僧の場合はどうか。衲僧とは破れ衣を着た僧ですから、禅僧のことです。しかし禅僧を見る場合は、どういう見方があるかというのです。

ここでは衲僧の代表として雲門禅師が引っ張り出されているわけですが、本則にあるような雲門禅師を見得するにはどうしたらいいか。

「言語動用、行住坐臥を離却《はな》れ」、と言っていますね。言語は言葉です。しかし、言葉もどうなんでしょうか、一つの働き、動きですね。身・口・意の三業と言いますね。その真ん中の口、口業が言語ですから、「口を動かす働きを離れ」となりますね。「行住坐臥を離却《はな》れ」、もう一つある。行住坐臥は、行くも帰るも坐るも臥すも、ですね。日常生活ということだと思います。我々の日常生活も離れて、と言っていますが、もっと肝心要を言いますと、そのつぎです。「咽喉唇吻《いんこうしんぷん》を併却《ふさ》いで」、と言っています。咽喉、ノド、唇ですね。口や喉をふさいで、ということは、言葉をつかわないで、ということです。「還《は》た辨得するや」。言葉をふさいで、言葉を言わせないで、衲僧を見極めることができるか。

一番簡単なのは、相手に語らせて、その相手の語る言葉を元にして、相手をどんな人物か判断するのが一般的なやり方だと思いますが、ここではそれを受け付けないわけです。ここでは相手に一言も口をきかせないまま、どんな人物か見抜くことができるかな、というわけです。

それが垂示の孔子様の話にかかってきますね。天は何も言わない。けれども、天をどのように見るか。「四時行われ、百物生ず」というところに天を見るのだ、というのが孔子様の見方ですね。それはそれとして、禅僧の場合はどうか。禅の場合は、どういう見方をしたらいいのか。ここに例をあげるから、雲門のはらわたを見て取ってほしい。こういう問題だと思います。

## 鉄舟と圓朝

「咽喉唇吻《いんこうしんぷん》を併却《ふさ》いで」というのは、いろんな例が禅にはあります。一つは、山岡鉄舟です。鉄舟と、落語の名人・圓朝との間の逸話は有名ですね。鉄舟は小さい時、お母さんから桃太郎の話を聞いた。母親の話がとても上手かったので、それを聞いてすやすやと眠った。そこで、わしに、母親がしてくれた桃太郎の話をしてくれというのですね。

その時に条件があって、「咽喉唇吻《いんこうしんぷん》を併却《ふさ》いで」、わしに語ってみてくれ、というのです。いわゆる、舌や喉を使わないで、口を閉ざしたまま、桃太郎の話をわしに語ってくれというわけです。さすがの名人の圓朝も困ってしまったそうですが、苦しんだ挙句に見事、口を閉じたまま、鉄舟に桃太郎の話ができたという。そういうことを要求した鉄舟自身の話なのですが。

あるとき、古手の居士さんが鉄舟を訪ねて、頼んだそうです。臨済録を提唱してほしい、と。そこで鉄舟は、提唱なら鎌倉の円覚寺の老師がやっているから、そこで聞けばいいじゃないか、といったのですね。その腹は、わしは提唱などせん、坊主の真似などせんということだと思います。それがわかってかどうか、わかりませんけれども、居士さんは、「わしが聞きたいのは、あんたの提唱なんだ、ぜひ聞かせてほしい」といったそうです。

何度もそういう応酬があったのでしょう。ならば、と鉄舟が譲って、「道場へ出てくれ」と言ったそうです。鉄舟は剣道が本職ですから、木刀を提げて道場へ行き、弟子相手に稽古をつけて、ひと汗かいて戻ってきて、居士に言ったそうです。「どうでしたか、わたしの臨済録は」と。いわゆる、自分は剣道家だと。禅を学んでいるが、専門は剣道だということでしょう。剣道で臨済録を見せた、ということなのでしょうね。

居士はあっけにとられていたというのですけれども、これはどうですか。口を開かないですね。咽喉唇吻を併却したままで、ふさいだままで見事、臨済録を語っているわけです。提唱していたのです。これは見事だと思います。これができる人ですから、圓朝相手に、若いときのことでしょうが、母親が昔語ってくれた桃太郎の話を聞かせてくれ、と言うこともできたのだと思います。

## 「六収まらず」とは

本則に入ります。「挙す。雲門《うんもん》に問う」、あるお坊さんが、雲門禅師に質問しました。「如何なるか是れ法身《ほっしん》」。法身とは、どのようなものでありましょうか。これに対して、雲門が答えます。「六収まらず」。これだけです。

しかし、この本則を読んでわかることがありますね。何がわかるか。大きく言いますと、仏教には八万四千の法門があるといいますね。それだけの法門があるうちで、禅が一番大事にしているのはなんでしょうか、ということでしょう。ここで秘密のベールをはがしてくれています。法身ということでしょう。ここで法身が出てきますね。「如何なるか是れ法身」という問題をここに持ってきたということは、そういうことでしょう。

少なくとも、法身を目安にして学ぶと、禅のことはわかるぞ、近道だぞ。法身とは何かということを核にして学んでいくと、短時間で最短距離で、禅というものが掴むことができるぞ。こうハッキリと言えると思います。

ここでは「衲僧」と言っています。衲僧を見得するには、その一番の旗印というのでしょうか、それが法身をどう捕まえるかということだ。こういうことだと思いますね。そしてその質問に対して、法身を問うてきた僧に対して、雲門禅師は「六収まらず」と答えていますね。六に入りきれない、といっていますね。

例えば昨日、私は再放送を見せてもらったのですが、日曜日の朝、放映している『心の時代』ですか。一週間前は曼荼羅だったんですね。昨日はしっかり見せていただきましたが、大変興味深かったですね。ここにも曼荼羅を掲げていますが、胎蔵曼荼羅の話でした。話してくれた方によれば、大日如来というのは宇宙の本体なんだそうです。宇宙だそうなのです。いろんなものが宇宙にありますね。客観世界のありとあらゆるもの。松もあれば竹もあれば、いろいろあります。それは一つ一つ差別《しゃべつ》があります。けれどもそれらが全部一つだというのが、曼荼羅が示すところだそうです。

するとどうでしょう。まさに六つには収まらないですね。宇宙の万物ですから。六つでは収まりきりませんね。ですから、真言宗が大事にしているところを雲門禅師に言わせれば、「六収まらず」になるでしょう。六では少なすぎますね、万物ですから。

頌を見てみます。六収まらず、というのはどういうことでしょう。「一二三四五六」、数えています。「碧眼の胡僧」、これは達磨さんのことでしょう。達磨さんも数え切れず。達磨さんをもってきても数え切れないぞ、と。

今日は「天門誰がために開く」、という軸がかかっていますけれども、前は、これはあまりかけなかったのです。以前は、達磨さんの画像がかけてありましたね。達磨さんの上半身が描かれていたのですね。そしてそこに賛が書いてあったのですね。いったい何が書かれているかも、何文字あるのかも、わからなかったのですね。そうしたら、ある時それを、この会を世話してくださっている方が、花園大学の芳澤勝弘先生に聞いてくれたのです。さすがに先生は、見事に読んでくれました。それによれば、自分の全身はあまりにも大きくて、ここには全部を表しきれない。そこで半身だけとりあえずお見せしよう、という意味なのでした。

そこで上半身だけ描いて、――これを描いたのはここの住職で、碧層軒五葉愚渓老師という、達磨さんの絵を描かせては天下一品と言われた方なのですが、その方が描いたものです。

あまりにも大きすぎて、ここに表しきれないというわけです。それは大きい紙に書かれたものですね。普通は床の間にかけるのは半切ですが、それを二倍にした全紙、それよりも大きなものですが、そこに収まらない。

「少林 謾《みだり》に道《い》う神光《しんこう》に付すと」。少林というのは達磨さんのことです。「謾《みだり》に道《い》う」、ちょっと言い過ぎだというのですね。「神光《しんこう》に付すと」。神光というのは、二祖慧可。片腕を切って自分のまことを示したという、二祖慧可大師にその仏法を渡したというけれども、本当かな、大丈夫かなと。それが「少林 謾《みだり》に道《い》う神光《しんこう》に付すと」。

「衣を巻《から》げて又た説《い》う天竺に帰ると」。「衣を巻いて」というのは、達磨さん。死後、衣の裾《すそ》をからげて、靴の片一方を胸に抱いて、生まれ故郷のインドに帰られた。

その途中で、任地から国に戻る大使の人が達磨さんとすれ違った。「あれ、達磨さんに似ているな」と思った。不思議に思って帝王に話したそうです。まさかと思うけれど、開けてみようかとお棺の蓋を開けてみたら空っぽで、片方の靴だけ残っていたというのです。

伝説ですが、その片方だけ残っていた靴を片手に持って、あるいは両手に大事に抱えて、衣を絡げて裸足で、「又た説《い》う天竺に帰ると」。その時に大使が聞いたんですね。あんたどこへ行かれるか、と。すると、天竺へ帰ると、お答えになった。

しかし「天竺は茫茫として尋ぬるに処無し」。天竺ですから、あまりにも広すぎて、探してこいと言われても、どこへ探しに行ったらいいかすらわからない。

そう謳っておいて、「夜来《ゆうべ》は却って乳峰に対して宿す」。待てよ、というようなものです。乳峰は雪竇がいるところですね。乳峰山に向かってお泊りになった。ということは、自分の寺に泊まられた、ということです。そのような偈頌を作っておられるのです。

これも面白いですね。つじつまは合うのです。天地いっぱいというのが法身ですから、法身がどこにあるかといったら、天地いっぱいに満ち満ちている。インドのどこにでもいるのでしょう。と同時に、雪竇のところにもいるということですね。そうだ、うちに昨日は泊まってくれていたんだ。

そういうことで、法身がどういうものであるか、その一端を頌のかたちで説いておられるのだと思うのです。

## 空は「法身無相」

般若心経で言えば、色即是空というところですね。色即是空。空の世界に開けるというところが法身です。肝心要のところを言えば、色即是空ということが法身の在り処ですね。空に開かれるということです。空に開かれるというのは、どこにでもおられる、ということですね。

色というのは、私たちの身体です。色身と言いますね。それが空に開かれる。空の体を法身といいます。私たちの身体が空に開かれたところを法身というのです。私たちの身体は空に開かれて何もなくなってしまうのではないのですね。今度は法身という大きな体となって、在るということです。

これは大事なことですね。これひとつで、ゴタゴタ言わずに、法身に絞ってくれたありがたさがあります。大事なことは、私たちがなくなることではないのです。達磨さんのように大きな大きな体となって、そこにある、ということなのです。

「法身無相」という言葉がありますね。四字熟語です。法身は姿形がないということです。目に見えません。色身は目に見えます。形があるから目に見えますが、しかし、法身になると目には見えない。「体・相・用」という便利な言葉が残されています。一つのもののつかみ方です。「体」というのは本体、「相」は姿形、「用」は働きです。ところが法身無相で、法身は姿形がないのです。ですから垂示でも圜悟禅師は、あえて相は外したのです。目に見えないので、体と用という言葉で説明しているのだと思います。

そして、般若心経を通して皆さんは嫌になるほど耳にしていると思いますが、すぐに打ち返させるのです。「色即是空、空即是色」と、心経は空から色に戻させるのですね。「空即是色」といいますから、色に帰ってくるのです。そこで、空を通ることによって、どう変わっているかですね。これは理屈ですよ。空に開かれて帰ってきているのですが、見た目には前と変わらないのですね。

私たちの体は、地・水・火・風の四元素でできていると考えられてきました。ところが、空が加わって帰ってきたというけれども、空は目に見えません。無相ですから。すると何も変わっていないではないか、となります。しかし眼《まなこ》ある人だったら見て分かるのです。それをはっきりさせるために、空を通って帰ってきた人には「妙」をつけるのですね。「妙有」と。「妙」とは、出来すぎて点数がつけられないときにつけるものだそうです。

## 「真空妙有」へ

最初は単なる有です。姿形がある。空に開けて、空をくっつけて五大元素となって帰ってきているのですが、肝心の空は目に見えませんから、地・水・火・風でできている、というようなものですね。何も変わらないじゃないか。ところが見る人が見れば分かるのです。それをはっきりさせるために、教相の上では妙有とします。

妙有というのはどういうものか。天地いっぱい。まさに妙です。点数がつけられませんからね。そういう人として、妙有としてここへ帰ってきているというのです。で、その妙有にも真空がつきます。「真空妙有」というのです。空のことは法身無相でしたね。真空無相ともいいます。妙有のところは真空妙有となります。妙有の存在になりますと、天地をぶち抜いて天地の外まで行けます。そうすると、どこまでも飛んで行けるのですね。これがいいところです。呼ばれると飛んでいけるのです。

宮沢賢治ですか、どこかで訴訟があると聞けば、飛んで行って、そんなことはつまらんからやめろという。訴訟なんて、短い人生の中で時間をとって仕方がないからやめろという。観音様なのですね。妙有というのは菩薩ですね。菩薩の存在となって帰ってくるのです。どこかで苦しみや悩みや悲しみがあれば、すうっと飛んでいく。そして相談相手となって対応する。それが、心経の説く世界ですね。

いろんな人がいろんな言い方で言っているわけです。これもいつもお話ししてきたことですが、臨済録で言いますと、序文のところに「妙応無方」とありましたね。「方」は方角です。方角がない、ということは、どこからかかってこられても、ということです。どの方面から、どこから打ちかかられても対応できる。天地いっぱいということでしょう。どこからうちかかられても、見事に対応できる、お相手できるという言葉ですが、これは本当に観音様の働きですね。

ですから山岡鉄舟に、あるときある方が、剣道の極意は何かと尋ねたところ、鉄舟は浅草の浅草寺の観音さんに預けてあるから、と言われたそうです。たずねた人も頭のいい人だったのでしょうね。そうか、といって見に行ったそうです。すると、そこの本尊は観音様だった。「施無畏《せむい》」という、畏れなきを施す、という観音様が鎮座しておられた。それが、鉄舟の剣の極意でもあるのです。妙応無方などというのも、まさに観音様の働きですね。

そういうふうに、空というものをしっかりつかまえると、仏教は、とくに禅関係のものは、すうっといっぺんにわかる、と言ってくれているのですね。ぜひとも、法身というものを捕まえてほしい。法身のなんたるかがわかれば、もうそれで、いちおうの卒業だといってもいいくらいだ、と言えるのだと思います。もちろん、観音様の働きも含めて、まだまだ道は遠いのですが。

# 棒炉神——第四八則「王太傅煎茶」

【本則】挙《こ》す。王太傅《おうたいふ》、招慶《しょうけい》に入りて茶を煎ず。時に朗《ろう》上座、明招《みょうしょう》の与《ため》に銚《ちょう》を把《と》る。朗、茶銚《さちょう》を翻却《くつがえ》す。太傅見て上座に問う「茶炉《さろ》下是れ什麼《なん》ぞ」。朗云く、「捧炉神《ぼうろじん》」。太傅云く、「既に是れ捧炉神《ぼうろじん》、為什麼《なにゆえ》にか茶銚を翻却す」。朗云く、「仕官千日、失は一朝に在り」。太傅、袖を払って便ち去る。明招云く、「朗上座、招慶の飯を喫却《くら》い了《おわ》るや、却って江外に去《ゆ》きて野榸《やたい》を打す」。朗云く、「和尚は作麼生《いかん》」。招云く、「非人、其の便《たより》を得たり」。雪竇云く、「当時《そのとき》但だ茶炉を踏倒《けたお》さん」。

【頌】来問は風を成すが若《ごと》きも、機に応ずること善巧に非ず。悲しむ堪《べ》し独眼龍、曾て未だ牙爪を呈せず。牙爪開かば、雲雷を生ず、逆水の波幾回をか経たる。

## 禅機ということ

垂示が欠けておりますので、どのように読んだらいいかという案内がありません。どこにポイントを置いてみたらいいのでしょうか。みなさんいかがでしょう。禅といってもいろいろ大事な面があります。そのうちの一つを突いているのだと思いますが、頌の方にちょっと出てきます。

「機に応ずること善巧に非ず」、こういう言葉がありますね。「禅」が一番生きていた時代は唐時代だと言いますね。ここは、禅機を問題にしています。禅の働きを問題にしている公案であると見ていただいていいでしょう。

本則から読んでいきましょう。「挙《こ》す。王太傅《おうたいふ》」。まず人物を頭に入れてください。登場するのは三人。一人は、王太傅という役人。のちには国家のお偉いさんになるのですが、この時は県知事だったと言われています。ですから、在家の人です。

次に招慶という名がでていますが、これは招慶院というお寺です。寺に王太傅が訪ねてきて、茶を立てることになった。招慶院の住職はなんと言いますか。長慶慧稜です。雪峰禅師のお弟子さんの長慶慧稜でしょうか。

「招慶《しょうけい》に入りて茶を煎ず」。長慶慧稜という人のために王太傅が建てたお寺が招慶院。しかし、肝心の住職はこの時は留守で、登場しません。そこで一行目を訳してみますと、王太傅という方が、招慶院へやってきました。そこで茶をたてて、おもてなしをすることになったということでしょう。

「時に朗《ろう》上座」、今のお寺でいうと雲水ですね。上座ですから、古手の雲水です。二人目は朗上座。

「明招《みょうしょう》の与《ため》に銚《ちょう》を把《と》る」。もう一人、明招という人が出てきました。この人は長慶慧稜と一緒にどこかで修行をした方です。住職のお友だち格です。

「王太傅《おうたいふ》、招慶《しょうけい》に入りて茶を煎ず」。王太傅はこの寺を建てた、県知事級の人です。彼を招いて茶を呈することになったが、住職がいない。そこで、誰が主人になるか。この時、主人になったのが明招だと私は思います。住職と同格の人に代理を務めてもらったのではないかと思います。朗上座はそのお手伝いをしたのだと思います。

「明招《みょうしょう》の与《ため》に銚《ちょう》を把《と》る」。銚は鉄瓶みたいなものです。持つところと注ぎ口があるものを指すそうです。取手のあるものですから、持ちやすいですね。銚を持って出たわけです。

しかしどうしたわけか、その雲水は「茶銚《さちょう》を翻却《くつがえ》す」。茶を入れた器をひっくり返してしまった。粗相をしたわけです。

「太傅見て上座に問う『茶炉下《さろか》是れ什麼《なん》ぞ』」。それを見た王太傅が、粗相をした雲水に問うのです。茶炉の下に何があるか。炉が切ってあるのですね。その下にあるものは何か。

雲水は答えます。「捧炉神《ぼうろじん》」。捧炉神というのは、三脚の炉の上に置いて器を安定させるものだと思います。そこで王太傅は言います。「既に是れ捧炉神《ぼうろじん》」、すでに捧炉神がついているのに、「為什麼《なにゆえ》にか茶銚を翻却す」。どうして茶銚をひっくり返したのか。

すると、朗が言います。「仕官千日、失は一朝に在り」。千日もの間、約三年間、毎日しっかり務めていても、ある朝失敗すると、クビになってしまうようなものです。それを聞くと、「太傅、袖を払って便ち去る」。何が気に障ったか、さっさとその場を出て行ってしまった。ここまでが前半ですね。

おそらく客として迎えた王太傅に帰られてしまった後で、明招が言います。「朗上座、招慶の飯を喫却《くら》い了《おわ》るや」。朗上座よ、ここで飯を食べて修行をしていながら、いったい何事か、ということでしょう。

何をするかと思ったら「却って江外に去《ゆ》きて野梛《やたい》を打す」。思ってもみなかったことに、揚子江の外にまで出かけて行って、野焼きをし、燃え残った株や木々などを叩いて、くすぶったところを取ったりする。つまり、しなくてもいいこと、大したことではないことをわざわざやらかしたな、ということですね。

それに対して朗は言います。「和尚は作麼生《いかん》」。和尚はどうですか。すると明招は言います。「非人、其の便《たより》を得たり」。非人は人ではない、つまり捧炉神が便りを得たり。便りはどう取ったらいいでしょう。捧炉神が一人元気でありすぎた、というようなことですから、一つの疑問として置いておいてください。

ここで終わりなんです。たまりかねて雪竇が登場します。「当時《そのとき》但だ茶炉を踏倒《けたお》さん」。その場に自分がいたら、ただ茶炉を蹴倒してやる、というのです。ここで本則は終わっています。

## 棒炉神と灰神楽

いかがでしょう。何一つ解決していないような感じですね。

禅機の問題だと言いましたが、禅機はどこにでているのでしょうか。登場人物は三人。彼らの行動の中に禅機は見られますか。たまりかねて雪竇が飛び入り参加しますと、四人の中ではどうでしょうか。そもそも禅機というのはどんな働きなのでしょうか。

ここでは道具を大切にすることだけでなく、人を大事にするということでしょう。王太傅の言葉が茶の精神であり、禅の精神でもなくてはならないでしょう。しかし、朗上座は気づかないで的外れな答えをしたのです。普通なら、棒炉神は動かないのだから、怒られるのは粗相をした雲水ですね。しかし、ここでは雲水を叱らずに棒炉神に理由を持って行ってているのです。朗上座に恥をかかせずに、自分のしくじりを自覚させようとしたのでしょう。ストレートにぶつけずに、棒炉神に持って行き、自らしくじりを自覚するよう促したのです。

ここでは、朗上座は、灰神楽がたっても平気な様子だったのでしょう。この態度が問題なのです。ここが禅機です。灰神楽がたったのはどうしようもない。そこからどう持っていくか、というのが一つの禅機ですね。しかし誰もそれをしないのです。朗上座が一番にそれをすべきだったのです。主客を別にして、掃除をすればいいのです。しかしそんなことはうっちゃって、こんな問答になったのです。

しかし、王太傅が言っていることは、禅が学ぶべき茶の心です。しかしその心ばせを分からないままに、朗上座は逆のことを言ったのですね。「仕官千日、失は一朝に在り」。士官しているのは王太傅です。あなたならおわかりでしょう。千日コツコツ真面目に勤めても、ある朝失敗をしてしまう、そんなことは世間にざらにあるでしょう。こんな感じです。だから王太傅は腹を立てたのでしょう。全く分かっていない、そこで「袖を払って便ち去る」。

そのあとで、主人の務めを代行した明招が朗上座にいうのです。「朗上座、招慶の飯を喫《くら》却い了《おわ》るや、却って江外に去《ゆ》きて野榸《やたい》を打す」。ここでは何年も招慶の飯を食って修行を続けながら、さあ、何をするかと思ったら、思いもかけぬことに江外まで出て行って焼け木杭を払いのけている。やらんでもいいことにうつつを抜かしていると、批判したのです。

これに対して朗は言います。「和尚は作麼生《いかん》」。和尚さんだったら何と答えるのですか。明招は言います。「非人、其の便《たより》を得たり」。

王太傅という大事なお客さんが見えたので、ということでしょう。朗上座は自分の気がついついお客様、王太傅の方へ行ってしまって、非人、捧炉神の方に向ける気が少なくなって、ついついつい捧炉神に勝手な振る舞いをさせてしまいました。せっかく捧炉神のせいにしてもらったのだから、それくらいのことが言えないか、と言っているのです。

私が至らないせいで、ついつい大事なお客様に気が行ってしまい、捧炉神まで気が回らず、粗相をいたしました。それくらいのことが言えんか、というのですね。でも後の祭りです。

「逆水の波」を起こす

ここでたまらず雪竇が飛び出します。「当時《そのとき》但だ茶炉を踏倒《けたお》さん」。気の抜けた場面展開をしている問題の元である茶炉を蹴倒して、一場の茶番劇の幕を下ろしてやるわい。そんなことを言っておられると思います。いかがでしょうか。

みんなが面白くない気分でいるので、後始末が必要なのです。そこで雪竇が登場して、その場の雰囲気をガラッと変えてしまう。そこに禅機があるのだと思います。爽やかな気持ちに、すっと変えてしまう、その働きを禅機というのです。例えば、その人が現れただけで、その場の空気がすうっと変わってしまうようなもの。それが何か。ここでは雪竇の言葉です。淀んだ空気を一変させるような何か。そいつは何か。人か、言葉か、なんでもいいのですが、そういうことが大事なんだ、というのです。

しかし、これでは私たちは満足できませんね。そこで頌、雪竇のことばを一緒に読んでみましょう。「来問は風を成すが若《ごと》きも」、来問は王太傅の言葉でしょうね。「茶炉《さろ》下是れ什麽《なん》ぞ」です。何かの本にありましたが、剣道の立ち会いで打ち込む時、同時にすごい風が起こるそうですね。その風です。ただの問いでなく、一陣の風を起こすような鋭い問いだったと褒め称えています。風を伴うような見事な問いがさっとなされた。

しかし、「機に応ずること善巧に非ず」。王太傅の問いに対する答えはうまくなかった。しっかりした、王太傅を満足させる答えはできなかった。ここで朗上座をおさえています。次は独眼龍、これは明招のこと。「悲しむ堪《べ》し独眼龍」、明招も明招だ、と、今度は明招にぶつかっていくのです。独眼龍、片目の龍とまで言われているのに「曾て未だ牙爪を呈せず」。王太傅の前では一度も牙も爪も見せなかったではないか、ということですね。

「牙爪開かば」、もし独眼龍が王太傅の前で、らしき牙を剥き爪を開いたならば、「雲雷を生ず、逆水の波幾回をか経たる」。雷が落ち、淀んだ流れをすっと澄んだ流れに変える。この辺は自由自在に謳っています。禅者が牙を剥き爪を開いたらどうなるか。雲を呼び、雷が落ちるのだ、と。

「逆水の波幾回をか経たる」。そこに「逆水の波」を起こすのだ。そんなことがこれまでに何度もなんどもあったのだ。繰り返されることによって、今ここに禅が伝わっているのだ。だから、こんな話頭だけなら、禅なんか絶滅だ、と言っているのでしょう。

こんなことでは禅は残っていない。残っているのは、逆水の波を起こすような人がどんな時代にもいたからだ。そのおかげで今まで禅が残っているのだ。数の問題ではないのです。本当に掴んでいた、禅によって自分の人生を切り開いていく人が現にいることによって――それが禅の一番の強さです――、禅が今に伝わっているのだ、と思います。

## 王太傅と朗上座と

例えば、長慶慧稜の兄弟弟子に保福従展という人がいましたね。二人で山登りをします。保福が「素晴らしい景色だ、ここここそが妙峰頂だ」というのですね。すると長慶が袖を引くのです。「景色もいいけれども、早く帰らないと日が暮れてしまうぞ」と。この場の長慶の言葉も「逆水の波」ですね。景色に見とれて、腰を据えようとしかかる保福を引っ張り出して山を下りていくのです。ちょっとしたことですが、これも逆水の波です。

空開、空に開けるという、非常に気持ちのいい体験をしてもらわねばならないのですが、あまりの気持ちの良さで、そこから出たくなくなる、座り込みたくなる。それをもう一度、現実に引っ張り返す。空の世界がどんなに気持ちよくても、そこに座り込んでいたのでは何にもならないぞ、ということを、言ってくれる人がいる。そういう人たちのおかげで、禅は今に伝わっているのだ、というふうになるのではないでしょうか。

のちに長慶慧稜から王太傅と朗上座はともに、法を継いでいます。ですから、朗上座ものちには変貌を遂げるのですが、ここではいいところなしですね。自我ばかり、自意識のみ強く、全く自覚のない男と言われても仕方がない。私はそう思います。明招はわかっていたけれども、なぜか禅機に欠けましたね。王太傅が帰る前に止めなくてはならなかったのでしょうが。

朗上座のような人はいますね。これはどうしようもありません。自覚をしないということは、成長しないということです。「三日会わずんば」、という言葉がありますね。三日会わなかったら、相手がどれほど変わっているかわからないぞ、という言葉です。そのように変わってくれればいいのですが、自覚がない限りは変わりません。自意識だけ、というのは、本当にだめです。どうしようもない。

お客様に心を取られて、捧炉神を使いこなせず、まことにご迷惑をおかけしました、というようなことくらい言え、というのでしょう。それくらいのことを言えなくてどうするか。王太傅の心ばせをもらうばかりか！ということでしょう。

いろんなことが汲み取れますが、一番大事なことは何か。そういう男に対しても、誰かがいて、その自意識を打ち破って自覚を生じさせる人が、長慶慧稜だったのでしょう。だからこそ法を継いだのです。しかし、ここでの朗上座はいただけませんね。

あくまでも、相手に恥をかかせまいとする王太傅の心ばせはすごいと思います。これが茶の真髄なのだと思いますが、禅宗はまた違って、ポンポンと言っていく。それだけに、こうした心ばせには頭が下がりますね。なかなか真似ができることではありませんが、それが茶人にとっては当然のことなのでしょうね。そういう心ばせを持ち続けるということが、見性にもつながっていくのでありましょう。

## 「わしは住持にいそがしい」――第四九則「三聖以何為食」

【垂示】垂示に云く、七穿八穴、鼓を攙《と》り旗を奪う。百匝千重《ひゃくそうせんちょう》、前を瞻《み》後を顧みる。虎の頭に踞《すわ》り、虎の尾を収むるも、未だ是れ作家《てだれ》ならず。牛頭没《ごずかく》れ、馬頭回《めずかえ》るも、亦た未だ奇特と為さず。且道《さて》、過量底人《なみはずれたるひと》来る時は如何。試みに挙し看ん。

【本則】挙す。三聖《さんしょう》、雪峰に問う、「網を透る金鱗、未審《そも》、何を以てか食《えさ》と為す」。峰云く、「汝が網を出て来たるを待って汝に道わん」。聖云く、「一千五百人の善知識なるに、話頭すら也識らず」。峰云く、「老僧《わし》は住持に事繁《いそが》し」。

【頌】網を透る金鱗、云うを休めよ水に滞ると。乾《てん》を揺《ゆるが》し坤《ち》を蕩《うごか》し、鬣《たてがみ》を振い尾を擺《ゆるが》す。千尺の鯨噴《しおふ》いて洪浪《おおなみ》飛び、一声雷震《とどろ》いて清飇《つむじかぜ》起る。清飇起る、天上人間《じんかん》知んぬ幾幾《いくばく》ぞ。

## 過量底の人――三聖と雪峰と

この則は本則の出だしが問題です。表題もそのようになっています。それを頭において、垂示から見ていきます。「読書百遍、その義おのずから通ず」と言いますね。何度も読んでいただきますと、だいたい三つに分かれていると見当がつきますね。

垂示で第一に言っているのは、「七穿八穴、鼓を攙《と》り旗を奪う。百匝千重《ひゃくそうせんちょう》、前を瞻《み》後を顧みる」。これは一般的に言えば戦争、禅には「法戦」ということばがありますが、それについて述べているところだと思います。前半は相手の陣営です。後半は自己の陣営。それを法戦――法の上での戦い――としてみたら、どのように見えるか。そしてここでは、相手を雪峰とみて、三聖がどう向かっていくのか。

「七穿八穴」、穿は小さな穴でしょうか。穴は、大地を掘るような大きな穴でしょう。小さな穿から大きな穴まで、相手の陣営にあなを開けていく。そこからやがては「鼓を攙《と》り旗を奪う」、相手の陣営の指揮を奪う。太鼓を奪い取り、相手の陣営が掲げる旗を奪い取る。七穿八穴から始まって、行き着くところは太鼓を奪い、旗を下させるところだ。

外と内と考えると、外は相手側、では内側はどうか。自己についてはどうか。「百匝千《ひゃくそうせん》重《ちょう》、前を瞻《み》後を顧みる」。

禅は己事究明と言いますから。無字の参究の仕方と考えていいでしょう。匝は、めぐる。百遍地を巡り、それを千遍万遍と重ねていく、それが無字の修行のやり方です。室内に入って、無の一字を大きな声で唱えるわけですね。それを、いったい何べんやらせられるのやら、何べんも何べんも無字を唱えていく。無字一つ通るのに、何べんやらされたか。そうして鍛えていくうちに、「前を瞻《み》後を顧みる」。やがて、前もしっかり見えてくる、後ろも振り返ってみる。四方八方に目が配れるようになり、一分の隙もない世界、境涯が開けてくる。

戦いも同じだというのでしょう。自己の陣営に幾重にも囲いをつくり、相手に付け入る隙を与えない。四方八方に目を配り、一分の隙もない戦いの陣営を作り上げるというのが、第一番の垂示の読み方でしょう。

もう一つ読み込めば、相手は名にし負う雪峰です。雪峰に対して「七穿八穴、鼓を攙《と》り旗を奪う」とはどういうことか。こういうふうに思ってみたら味わいが一層深くなると思いますが、どうでしょうか。三聖に対しては、「百匝千重《ひゃくそうせんちょう》、前を瞻《み》後を顧みる」と。どういうことか。

次は人間ではありませんね。猛獣を引っ張り出しています。「虎の頭に踞《すわ》り、虎の尾を収むるも」。虎の頭に乗っかって、虎の尾を収める。首尾一貫という言葉がありますが、そういうことが猛獣相手にできたとしても、「未だ是れ作家《てだれ》ならず」。まだまだだというのです。作家とは言わせないぞ、というのです。一番と二番を否定しています。

「牛頭没《ごずかく》れ、馬頭回《めずかえ》るも」。これは次から次に地獄の獄卒が目の前に現れるということですが、臨済録の妙応無方ということです。どこからかかってこられても、どんな相手が現れても見事に対応できる。「亦た未だ奇特と為さず」。それができても、すぐれた働きとは言わさぬぞ。

「且道《さて》、過量底人《なみはずれたるひと》来る時は如何」。これは三聖を言っているのでしょうね。三聖は上に述べたようなところで止まるお人ではない。それ以上の人、過量底の人なんだ、というのですね。測れない。言葉でも表せない。そういう人だ。三聖というような修行者がやってきた時、どのように対したらいいのか。どんな出来事が起きるか。「試みに挙し看ん」。試しに挙げてみるから、よく見るように。

お釈迦様の寸法を持ってきても測れない。もちろん悪魔外道の寸法でも、達磨さんの器量をもってしても測れない。そのような過量底の人がきた時にはどう対応するか。

## 「わしは住持にいそがしい」

そこで本則です。「挙す。三聖、雪峰に問う」。三聖が雪峰に問います。「網を透る金鱗、未審《そも》、何を以てか食《えさ》と為す」。どんな網をかけられても物ともせず、網をすり抜ける金の鱗の大魚は、いったい何を食と成しているのか。お釈迦様を持ってきても魔が出てきても、振り返りもしない。達磨や徳山が現れても関心を示さない。そんな大物は何を目の前に持ってきたら相手をしてくれるのか。

それに対して雪峰は言います。「汝が網を出て来たるを待って汝に道わん」。網をかけられた中で何を言っているか。あんたが網から出てきた時に言ってやろう。こういう返事を、雪峰はします。

三聖も負けてはいません。「一千五百人の善知識なるに」、あなたは一千五百人の修行者を擁している大道場の善知識と聞いておりましたのに、「話頭すら也識らず」。公案を話頭と言いますね。一番大事なのは己事究明です。あなたは己事究明のなにものかもご存知ないと見えますな。

すると最後に雪峰が言います。「老僧《わし》は住持に事繁《いそが》し」。私は住職をしていて、忙しいんだ。己事究明ばかりではいけんのだ。ある見方からすれば、武芸者に対して言ったのだと言われます、道場を持つと弱くなる。武芸者が弱くなっては困りますが、剣道だけでなく、いろいろな世事に煩わされますね。「事繁し」です。

次に頌に行きます。「網を透る金鱗」、これは雪竇が謳い上げています。「云うを休《や》めよ水に滞ると」。雪竇はまず、三聖の肩を持っていますね。もう網は出ているぞ、というのですね。網を通る金鱗だ。三聖はまさしく、どんな網もスルリと通り抜ける、金の鱗を持った大物だ。「云うを休めよ水に滞ると」。いつまでも網の中にいない。いや、水の中にもいないぞ。

「乾《てん》を揺《ゆるが》し坤《ち》を蕩《うごか》し」、天を揺すり、地を蕩かして、「鬣《たてがみ》を振い尾を擺《ゆるが》す」。鬣は龍のあごひげだと言います。あごひげを振るい、尾を動かす。乾坤高く飛び上がって、龍となって髭を振るい、尾を揺るがしているぞ。いわゆる、四百余州と言われる大中国いたるところに行脚して、いろいろ問答をぶつけているというのです。

「千尺の鯨噴《しおふ》いて洪浪《おおなみ》飛び」、これは、「一千五百人の善知識なるに」のツッコミでしょう。千尺の鯨が潮を吹き上げたぞ。大波が飛んできたぞ。あの当時の大中国において趙州か雪峰かと言われた、その雪峰に向かって「一千五百人の善知識なるに、話頭すら也識らず」と言ったのですから、すごい自信です。勢いがある。

ところが、「一声雷震《とどろ》いて」、それに対する雪峰の答えです。「老僧《わし》は住持に事繁《いそが》し」が、その一声です。一声だが雷鳴だぞ、すごい雷鳴が落ちたぞ。三聖の雷鳴ではないのです。

そこでどうなったか。

「清飈《つむじかぜ》起る」。つむじ風が起きた。そしてもう一度「清飈起る」。そして、「天上人間《じんかん》知んぬ幾幾《いくばく》ぞ」。天上界、人間界で、この最後の雪峰の一声を聞き取ることが出来たものがいったい何人いたか。こういう言い方をしています。

「老僧《わし》は住持に事繁《いそが》し」。道場を持つと弱くなるという、はなはだ元気のない答えのようですが、これがすごい答えなのだと。その凄さがわかるのが、「天上人間《じんかん》知んぬ幾幾《いくばく》ぞ」

なのでしょう。こう最後に謳い上げているのだと思います。

「天上大風」

いまこの場に集まっている方々は、お釈迦様の教えには何かある、それを生きていく糧にしよう、と考える方でもあるでしょうが、ここでは、お釈迦様が出てきても見向きもしないというような言い方になっていますね。

ですから、「老僧《わし》は住持に事繁《いそが》し」は、妙有の世界を言っているのです。色即是空、空即是色と一回りして帰ってきたところを、雪峰は出しているわけです。そこを、「一声雷震《とどろ》いて」と。妙有の世界は、まさに雨の降らぬ清風を起こす雷です。

私が今一番恐れているのは、大雨が降ることです。大雨が降ることによって、土砂が崩れ、雨水とともに流れ出たらどうなるか。いつも、台風はもちろん、何かにつけて大いに心配しているのですが、そんなことも「住持に事繁し」の一つですね。

「一声雷震いて」、雷がなる、そうしたら雨が降る。これは常識ですね。しかし、ここには大雨が降るとは書いていない。「清颷起る」、起きたのはつむじ風。清らかな風、大きな風が起こった。

ではこの清颸とはどんな風か。良寛が「天上大風」と書いていますが、この大風だと思ってください。「清颸起る」はもう一度繰り返されます。さあ、何人の人がわかるでしょう。


もう一度、本則を見てみましょう。三聖、雪峰に問う、「網を透る金鱗、未審《そも》、何を以てか食と為す」。難問です。これは答えられない問いです。さすが三聖です。そこで、「汝が網を出て来たるを待って汝に道わん」と。

あなたはそんな問いを出したけれども、まだ網にこだわっていないか。釈迦も臨済も相手にしないと言っているお前さん自身が、網を通る通らないにこだわっているのではないか。網を出てみたら、自然と答えが出るはずだ、と言っているのですね。私が答えなくても、お前さん自身でわかる。しかし網にこだわっている限り、答えは出ないぞ。網が消えたとき、答えはちゃんとお前さんの元にあるぞ、と答えているのです。親切に答えています。さすが教育者ナンバーワンと言われた雪峰です。

それを知ってかしらずか、聖云く、「一千五百人の善知識なるに、話頭すら也識らず」。

己事究明というのは、そんなのんきなことでいいのですか、というツッコミでしょう。一刻を争うものでしょう。一千五百人を指導して、教師として一番と言われている人が、そんなことでいいのか。

すると雪峰は、「老僧《わし》は住持に事繁《いそが》し」。そういうわけでなあ、というのですね。妙有の世界です。色に帰ってきた世界を、網を透り抜けた世界を、こう表しているのです。大禅師雪峰も現実を生きている。分かってくれるのが何人いるかと心配しています。

「清飈起る」、つむじ風起こる。そよ風という意味もあるのです。雷が鳴り、大雨が降ると思ったら、そよ風が吹いてきた。前の第四八則では、そよ風を吹かせる者がなかったのです。そこで雪竇が飛び出してきて茶炉を蹴飛ばすぞ、と。最後には独眼龍までも批判していますね。そして「逆水の波」、何人が逆水の波を起こしてくれただろうか、と言っています。

ここでは「清飈起る」。すうっと爽やかな風がそよいできた。何によってか。「老僧《わし》は住持に事繁《いそが》し」。これが良寛の「天上大風」でしょう。地上はあくせくとしたことが多いわけです。しかし、天上には大いなる風がそよいでいるぞ、というのが良寛のお心なのでしょうね。

## 「汝が網を出てきたるを待って汝に道わん」

ですから垂示も、最初を見てみますと、「七穿八穴」を雪峰に引き合わせてみれば、三聖は大先輩の雪峰の腹に無数の穴を開けて、縦横無尽に腹の中を土足で自由自在に駆け回ったぞ、そして道場の看板を奪おうとしたぞ、と。まさに真剣勝負、己事究明です。雪峰頌のところ、「千尺の鯨噴《しおふ》いて」に、「尽大地人、一口呑尽」との著語があります。雪峰一人のことではない、その氣概、尽大地の人を一口で飲み尽くしたぞ、と圜悟さんは著語しています。

しかし「一声」が出ました。決してか細くはないのだ。三聖の氣概を一声で飲み尽くす大音声です。大法戦の場にそよ風を起こしたのだ。しかしそのことを幾人の人が分かってくれようか。こう言っておられます。

苦労に苦労を重ねて自ら網を出てはじめてわかるのですから、「汝が網を出て来たるを待って汝に道わん」。そんな言い方しかないのですね。この言い方も本当のことです。雪峰は逃げているわけではない。ほんとうのこと。いま言えるのは、雪峰をもってしてもこれだけなのです。

# 箇箇無裩の長者の子——第五〇則「雲門塵塵三昧」

【垂示】垂示に云く、階級を度越し、方便を超絶す。機機相応じ、句句相投ず。儻《も》し大解脱門に入り、大解脱の用を得るに非ずんば、何を以てか仏祖を権衡《はか》り、宗乗に亀鑑《かがみ》たらん。且道《さて》、当機直截《じきせつ》、逆順縦横して、如何《いかに》か出身の句を道《い》い得ん。試みに請う挙《こ》し看ん。

【本則】挙《こ》す。僧、雲門《うんもん》に問う、「如何なるか是れ塵塵三昧《じんじんざんまい》」。門云く、「鉢の裏《なか》の飯、桶の裏《なか》の水」。

【頌】鉢の裏の飯、桶の裏の水。多口《おしゃべり》の阿師《ぼうず》も觜《くち》を下し難し。北斗南星位殊《こと》ならず、白浪滔天平地に起る。擬するも擬せず、止《とど》むるも止まらず、箇箇無裩《むこん》の長者の子。

## 本来無一物

出だしの八文字ですが、「階級を度越し、方便を超絶す」は、どんなところを言っているのでしょうか。仏法の話です。垂示ですから、テーマの塵塵三昧についての何かを述べているはずです。八万四千の法門と一口に言いますが、どのあたりを述べようとしているのでしょうか。禅宗ですから、禅に範囲を絞りますと、どんなところでしょうか。

階級とはなんでしょうか。これは、どの仏教にも通ずる言葉です。仏様に至る段階ですね。東海道五十三次という言葉がありますが、その五十三番目が仏ということです。五十二の段階を踏んでその次が仏。そういう階級を飛び越えて、ということですね。いっぺんに仏になってしまうというのですから、「方便を超絶す」、です。

同じようなことでしょうが、禅の歴史で言えばどのあたりでしょうか。南宗・北宗ですね。六祖慧能と神秀の立場だと思います。ここは六祖慧能の立場を述べているのだと思います。これができると、ということでしょうね。これが身につくと、「階級を度越し、方便を超絶す」ると、「機機相応じ、句句相投ず」ることができるようになるぞ、と言ってくれているのでしょう。

機はまだ外へ出ない心の働き、無相の働き。これに対して句は言葉ですから、外へ出ます。外へ出た働きということでしょう。すると、内も外も互いに通じ合えるようになるぞ、ということなのでしょう。それが言葉になって外へ出て、言葉に出会っても、互いに投げ合う、キャッチボールできる。その言葉をしっかりと理解できて、互いに語り合うことができる。こう言っているのだと思います。

「儻《も》し大解脱門に入り、大解脱の用を得るに非ずんば」。大解脱門とはなんでしょうか。いろんな言い方があると思いますが、何か一つあげていただくとしたら、なんでしょうか。二字で表現すると、空開という言葉、または涅槃でしょうか。

では「大解脱の用」とはなんでしょうか。どんな字を当てればいいのでしょう。妙有ですね。色即是空、空即是色、空から色に帰り着いたところをいうのだと思います。「大解脱の用を得るに非ずんば」、どうして大解脱の門に入り、大解脱の用を得ることができるかと言いますと、その元には「階級を度越し、方便を超絶す」という六祖慧能の世界をしっかりとつかまえて、ということだと思います。

六祖慧能の核心は、三文字で言うとなんでしょうか。「階級を度越し、方便を超絶す」の出所はどこでしょうか。無一物だと思います。本来無一物の無一物が大事なのだと思います。それがわかって初めて、大解脱の門に入り、大解脱の用を得る事ができるぞ。

そうでなければ、「何を以てか仏祖を権衡《はか》り」。ここはどう訳したらいいでしょうか。仏祖を理解し、でしょうか。「宗乗に亀鑑《かがみ》たらん」。宗は大本という意味です。仏教の根本にある教えですね。乗は乗り物。亀鑑は明鏡。鏡となって、しかも塵一つつけない鏡、研ぎ澄まされた鏡となって、宗旨の根本に相い対することができようか。鏡となって初めて宗乗を自己自身に映し出すことができるのですね。これを宝鏡三昧と言って大切にしているわけです。

「且道《さて》」、それはいったん置いて、「当機直截《じきせつ》」、宝鏡三昧なので、全てがそこで解決している。全てが通じ合って終わっているということですが、それにとどまらず、「逆順縦横して」、用の方を言っているのだと思います。逆順縦横して大自在に働いて、「如何《いかに》か出身の句を道《い》い得ん」。どう、出身の句を言い得るか。

出身の一句にはどんなものがありますか。代表的なものは、馬祖道一の「即心即仏」が素晴らしいですね。あんたの仏とはと問う、その心が仏だというのですから。そのあたりを腹に入れて本則を見てみたいと思います。

## 塵塵三昧とは

本則に入ります。「挙《こ》す。僧、雲門《うんもん》に問う」、あるお坊さんが雲門大師に質問された。「如何なるか是れ塵塵三昧」。

このお坊さんも相当すごい人だと思います。「塵塵三昧」と来ました。この言葉、私自身もあまり注意しなかったんです。知ってはいましたが、そんなにしゃべってはきませんでした。が、改めて見直してみると、すごい言葉ですね。

「門云く」、これに対して雲門が答えます。「鉢の裏《なか》の飯、桶の裏《なか》の水」。塵ですね。塵三昧。明鏡に対して、塵の三昧です。そうしますと、これは、なんと素晴らしいことか、と言われてみれば頭が下がります。なんとも言いようがありません。

頌の方へいってみます。「鉢の裏の飯、桶の裏の水」。これは雲門が答えたところそのものを挙げています。「多口《おしゃべり》の阿師《ぼうず》も觜《くち》を下し難し」。こう雲門に答えられては、おしゃべりな坊主でも口を挟めまい。そう雪竇が言っています。うんともすんとも言えない、素晴らしい答えなのです。

「北斗南星位殊《こと》ならず」。この塵塵三昧においては、雲門の答えがよくわかったら、味わえたら、北斗七星も南十字星も一つになってしまう。二つでなくなるぞ、というのです。北斗七星が北にあり、南十字星が南にあるなどというケチっぽい考えはどこかへ吹っ飛んでしまうぞ、ということですね。全宇宙が塵塵三昧だ、北も南もない、という感じです。

「白浪滔天平地に起る」。海や大きな川に、風が起きて波が起こります。それが海や川の上で起こるのではなく、平地で起こるぞ、というのです。全宇宙が一つになるのですから。すると、海の上、平地の上も関係ない。平地にいるままに白浪滔天が起こるぞ、というのです。

「擬するも擬せず、止《とど》むるも止まらず」。それは理屈じゃない、というのです。擬する、というのは、二、三秒待ってください、というものです。その時間を許さないのが禅です。棒が飛んできます。一喝が飛んできます。ちょっと待ってください、なんていうものすら起こらない。七面倒くさいものはやめようと思ってもやめられないぞ。自分の力ではなんともできない状態に入るわけです。そういう状態に入っている。その時に、何かが起こる。

## 箇箇無裩の長者の子

塵塵三昧という世界を、「擬するも擬せず、止《とど》むるも止まらず」と表現しているのだと思います。そしてその時に、何かが外から起こるのです。「擬するも擬せず、止《とど》むるも止まらず」。もう自分の力が打失する、出し切っている。自分の力では何とも出来ない、それほど自分の内側が燃え尽きんばかりに燃え上がっている時、その時、外から何でもない音が飛び込んでくる。石が竹に当たった音とか、桃の花が満開に咲いているとか、そういうような感覚を通じて何かが飛び込んでくる。その時に何かが起こる。

それを「箇箇無裩《むこん》の長者の子」というのでしょう。一人一人が、箇箇無裩《むこん》の長者の子であるということがはっきりわかるぞ、と力強く言ってくれているのだと思います。無裩というのは、下着一つつけていない、――長者の子であれば下着くらい持っているのでしょうけれども、仏とは縁のない貧しい生まれの子供なんだ。しかし、そうではないんだ、「衆生本来仏なり」の、本来の世界。六祖慧能の世界では、一人残らず長者の子なのだ。

無袞の長者の子。「箇箇無袞《むこん》の長者の子」、ここは一息に読んでもらいたいと思います。人間一人一人が何者か。それが、否でも応でもわかるぞ、というのです。塵のところに仏を拝めてこそ、臨済禅師のいう「心法十方に通貫して目前に現用す」です。

# 末後の一句——第五一則「雪峰是什麼」

【垂示】垂示に云く、纔《わずか》に是非有らば、紛然として心を失《みうしな》う。階級に落ちざれば、又た摸索すること無し。且道《さて》、放行《ほうぎょう》するが即ち是《ぜ》か、把住《はじゅう》するが即ち是《ぜ》か。這裏《ここ》に到り、若し一糸毫《ひとすじ》の解路《げろ》有らば、猶お言詮《ごんせん》に滞り、尚お機境に拘《とら》われ、尽く是れ依草附木《えそうふぼく》。直饒《たとい》便ち独脱の処に到るも、未だ免れず万里に郷関を望むを。還《は》た構《いた》り得るや。若し未だ構り得ずんば、且《まず》は只だ箇の現成公案《げんじょうこうあん》を理会《りえ》せよ。試みに挙《こ》し看ん。

【本則】挙《こ》す。雪峰《せっぽう》住庵の時、両僧有り、来たり礼拝《らいはい》す。峰、来たるを見て、手を以て庵門を托《ひら》き、身を放って出でて云く、「是れ什麼《なん》ぞ」。僧も亦た云く、「是れ什麼ぞ」。峰、低頭《うなだれ》て庵に帰る。僧、後に巌頭《がんとう》に到る。頭問う、「什麼処《いずこ》よりか来たる」。僧云く、「嶺南より来たる」。頭云く、「曾て雪峰に到るや」。僧云く、「曾て到る」。頭云く、「何の言句か有りし」。僧、前話を挙す。頭云く、「他《かれ》は什麼《なん》とか道《い》いし」。僧云く、「他《かれ》は語無く、低頭《うなだれ》て庵に帰れり」。頭云く、「噫《ああ》、我当初《かのとき》悔ゆらくは他《かれ》に末後の句を道《い》わざりしことを。若《も》し伊《かれ》に道《い》わば、天下の人、雪老を奈何《いかん》ともせず」。僧、夏末《げまつ》に至り、再び前話を挙して請益《しんえき》す。頭云く、「何ぞ早く問わざる」。僧云く、「未だ敢て容易《きやすく》せず」。頭云く、「雪峰は我と同じ条《えだ》に生ると雖も、我と同じ条に死せず。末後の句を識らんと要《ほっ》せば、但だ這《こ》れ是《これ》なるのみ」。

【頌】末後の句、君が為《ため》に説《い》う。明暗双双、底《なん》の時節ぞ。同じ条に生るることは共に相知るも、同じ条に死せざることは還って殊絶す。還って殊絶す。黄頭と碧眼と須らく甄別《けんべつ》すべし。南北東西帰去来《かえりなんいざ》、夜深《よふ》けて同《とも》に看ん千巌の雪。

## 本来の面目――放行か把住か

垂示から参ります。「垂示に云く、纔《わずか》に是非有らば、紛然として心を失《みうしな》う」。ここは、唐代の禅のことを言っていると思ってください。今でも私たちが理想としている唐代の生き生きとした禅のこと。いわゆる達人の禅。ですから少しでも分別がそこにあると、本来の面目を見失ってしまう、というのが唐時代の禅の核心でしょう。本来の面目というのは六祖慧能の言葉です。分別に陥ると、本来の面目を見失ってしまうというのです。六祖慧能は本来無一物と言っています。「本来無一物、何れの処にか塵埃《じんあい》を惹かん」。「塵埃」というのが、「紛然として」のところですね。塵芥なんかどこにもないぞ、と言っています。

次のところは時代が下った宋時代の公案禅のこととしてみてください。「階級に落ちざれば、又た摸索すること無し」。前に読んだところは六祖慧能の禅。ここは北宗《ほくしゅう》の神秀上座の禅。階級を設けるのです。そして少しずつ登って行く。そうしなければ、修行のしようがないではないか。いろんな段階の人がいるのですから、自分がどこらへんにいるのか見極めて、そこを修行していく、と。そこを宋代の公案禅が引き継いだのだと思います。

階級を設け、それに沿って修行して行こうとするのです。

「且道《さて》、放行《ほうぎょう》するが即ち是《ぜ》か」、放行はお任せする、自由自在にする、あなたのお好きなように、ということ。そうするのがいいのか、「把住《はじゅう》するが即ち是《ぜ》か」。放行は唐代の禅。六祖慧能の禅です。把住とは、ぐっと掴むこと、自由にさせない。これが宋代の公案禅でしょう。なぜそうか。唐時代の禅者は達人だったから放っておいてもよかった。しかし、そこに照準を定めてしまうと、後代の人をそのまま放っておくわけにはいかないのです。個々人がそれぞれの位置を見定めて、そこでどんな修行をしたらいいか見定めていくのがいいのではないか。

「這裏《ここ》に到り、若し一糸毫《ひとすじ》の解路《げろ》有らば」、それはそうだが、というのです。もし一筋の糸一本ほどの解路、解脱路があれば、――公案をこうして通ったなどと、そういうものが残っていたら、六祖慧能は本来無一物と言っていますから、たとえいいことであっても、例えば公案を通ったという思いが残っていたならば、「猶お言詮《ごんせん》に滞り」、その公案の言葉に引っかかって、そこから動けないだろう。

「尚お機境に拘《とら》われ」、自分は公案が通ったという境地から抜け出せなくなってしまう。それは「尽く是れ依草附木《えそうふぼく》」。草や木の葉についた浮かばれない精霊だ。唐代の生き生きとした禅者とは違うぞ、と言っています。

「直饒《たとい》便ち独脱の処に到るも」、独脱は見性です。六祖慧能のいう本来の面目。それを見て、色身から抜け出ることができ、自由自在な法身の世界に入ったといっても、「未だ免れず万里に郷関を望むを」。本来の面目の真境にたどり着くには、なお万里が隔たっていることに気づかざるをえないぞ。

「還《は》た搆《いた》り得るや」。さあどうか。本来の面目に至ることができたか。「若し未だ搆り得ずんば、且《まず》は只だ箇の現成公案《げんじょうこうあん》を理会《りえ》せよ」。この公案を、路筋だけでも、解路だけでも身につけなくてはいけない。「試みに挙《こ》し看ん」。挙げてみるからよく見よ、と。

## 末後の句

次に本則です。「挙《こ》す。雪峰《せっぽう》住庵の時、両僧有り、来たり礼拝《らいはい》す。峰、来たるを見て、手を以て庵門を托《ひら》き、身を放って出でて云く、『是れ什麼《なん》ぞ』。僧も亦た云く、『是れ什麼ぞ』。峰、低頭《うなだれ》て庵に帰る」。ここが本則で最も大事なところです。要は「是れ什麼ぞ」。

これをどう捉えるかです。

雪峰和尚がまだ道場に出ない時のことでしょう。小さな庵に隠れて長養していた時に、二人の僧が尋ねてきて礼拝したというのです。雪峰は二人が礼拝しないうちに、自分の方から出ていきます。小さな庵ですから、二人がやってくるのが見えたのでしょう。門を開けて身を乗り出していった。「是れ什麼ぞ」。そうすると、僧も言います。「是れ什麼ぞ」。おうむ返しの答えです。すると何を思ったか雪峰は、うなだれて回れ右して、二人を放ったまま庵へ戻ってしまった。

これがどういうことか、というのが今回のメーンテーマです。どのように読めばいいのでしょう。それを残しておいて、次に行きます。ここは問題にならないところですが、ここが大事なんですね。

「僧、後に巌頭《がんとう》に到る。頭問う、『什麼処《いずこ》より来たる』。僧云く、『嶺南より来たる』。頭云く、『曾て雪峰に到るや』。僧云く、『曾て到る』。頭云く、『何の言句か有りし』。僧、前話を挙す。

頭云く、『他《かれ》は什麼《なん》とか道《い》いし』。僧云く、『他《かれ》は語無く、低頭《うなだれ》て庵に帰れり』。頭云く、『噫《ああ》、我当初《かのとき》悔ゆらくは他《かれ》に末後の句を道《い》わざりしことを。若《も》し伊《かれ》に道《い》わば、天下の人、雪老を奈何《いかん》ともせず』」。

こういうことが、巌頭と僧の間で交わされたのです。「末後の句」ということを、巌頭が言挙げします。そして、最後の箇所です。

「僧、夏末《げまつ》に至り、再び前話を挙して請益《しんえき》す。頭云く、『何ぞ早く問わざる』。僧云く、『未だ敢て容易《きやすく》せず』。頭云く、『雪峰は我と同じ条《えだ》に生ると雖も、我と同じ条に死せず。末後の句を識らんと要《ほっ》せば、但だ這《こ》れ是《これ》なるのみ』」。

ここでこの問答は終わりで、あとは雪竇の頌があるだけです。「僧、夏末《げまつ》に至り」とありますから、夏の三ヶ月、巌頭の下に安居するわけです。ところが、二人の僧はその間、九十日間、巌頭に参じなかったのです。すると、巌頭は「どうしてもっと早く来ないのか」というのです。

僧は「なかなか聞きにこられませんでした」。そんなに簡単なことではないとわかりました、というのです。これが大事なのです。煮詰めるのです。「是れ什麼ぞ」と言われて、それがどんなことなのか、しっかりと自分で身に染みて体得する。これだけなのです。その準備をするために、巌頭の言葉が大事だったのです。彼らは九十日間ずっと工夫していた。

そこで巌頭が自分から言うのですね。「雪峰は我と同じ条《えだ》に生ると雖も、我と同じ条に死せず」。雪峰は兄弟弟子で故郷も同じです。二人の師匠は徳山。唐時代の代表的な禅者です。徳山という大木に生えた、同じ枝なのだ。しかし自分と雪峰は死ぬときは同じ枝ではない。ここもどういうことか、問題ですね。

「末後の句を識らんと要《ほっ》せば」、自分の一生を一言で吐き出すなら、「但だ這《こ》れ是《これ》なるのみ」。巌頭のいう末後とは、「雪峰は我と同じ条《えだ》に生ると雖も、我と同じ条に死せず」。末後の句とは、死に臨んだ一句です。一生を見据えた一句です。ですから、末後の句は極意中の極意と言われているのです。それは何か。「雪峰は我と同じ条《えだ》に生ると雖も、我と同じ条に死せず」。これがわしがいう、末後の一句だ。

それを雪峰と一緒にいる時に教えなかったがために、二人の僧、あなたがたに雪峰を誤解させるようなことをしでかした。この末後の一句を教えておけば、そんなことにならなかったのに、というのです。これはどういうことでしょうか。

## 「是れ什麼ぞ」

宋時代の修行は公案。それが日本へ入ってきました。そこにもう一つ時代が下って、白隠が現れて日本化しました。本当に日本に合う形にするために、それだけの歳月が必要だったのです。ですから、宋時代の公案禅と現代の公案禅は違う。同じと言えば同じですけれども。何れにしても、根本は同じだと思います。

何かといえば、「三欸の法門」という話をしていますが、これには三つの柱があります。はじめは疑問です。趙州の無字を与えて工夫させるわけです。無とは何か、というのです。これは無門関を書いた無門和尚が「有る無しの無ではないぞ」と言ってくれています。虚無、という言葉がありますが、その無でもない。では何か。そうやって、やっていくわけです。

すると修行者は無字一つを工夫するうちに、わからないからこそ、ありとあらゆる想いを無字一つで体験するのです。無と言っているけれども、もしかしたら、その逆があるのではないか、とすら思い描くのです。実際には有るのではないか。有る無しの無ではない。有る無しを超えて有る、とも考えられます。ありとあらゆる事態と無字をめぐって格闘するのです。これは大変です。ですから一応、疑問の反対も含めて「人生いろいろ」ですね。いろいろ出てきます。そうして何が何やらわからなくなってしまう。

ある老師が言われるには、ともかく坐るのだ。わけがわからなくなるまで坐るのだ、と。

まったくわけがわからなくなってしまうのです。姿勢を正して、呼吸を通して、身体と心を結びつけて坐っているけれども、何が何やらわからなくなってくる。そういう時に、何かが「外から」入ってくる、というのです。それは事実だと思います。内からはもうなにも出ない。外からの何かによって、わけがわからないその状態が、破れるのです。壊れて、パッと外へ飛び出せるのだと思います。外からの出来事と言いましたが、普通は何でもない出来事ですが、それが、わけがわからなくなるまでやったおかげ、そのためだと思いますが、普通の音とは違う音として、普通の情景とは違う情景として、当人に飛び込んでくるのです。

例えば、雨だれの音。間違いなく雨だれの音ですが、それが普段聞こえる音とは全く違う音として全身に響いてくる、そして、あっと思う。一つの開きに出るのです。そうして、ああ、これだ、と納得できるのですね。自分が求めていたのはこいつだ、と納得できる。それが、ここで雪峰が言っている「是れ什麼ぞ」の「これ」です。それは、苦しみに苦しんだ挙句に出会った、「これ」です。感激を持って出会った「これ」、これはいったい何なのだ、と雪峰は言っているのだと思います。

しかし、二人の僧は、ただ鸚鵡返しにした。「これ」の中身がないのです。言葉は同じでも中身がまるっきりない。だから噛み合わないのです。このことは雪峰にはわかるのです。ああ、昔の自分だな、と思ったのでしょうね。それで回れ右した。「低頭《うなだれ》て」とあります。これはがっかりしたのではなく、昔の自分を二人の僧に見たのです。

## 「徳山托鉢」――無門関第一三則によせて

その昔のことというのは、無門関第一三則に「徳山托鉢」というのがありますから、ぜひ覗いてみてください。かいつまんで言いますと、雪峰という人は、どこへ行ってもご飯炊きの役を引き受けました。一番大変な役です。限られた材料で全員に行き渡るように作らなくてはいけませんから。どこの道場へ行っても、その役を買って出ていた。

ある時、師匠の徳山がやってくる。しかし用意ができていなかったのです。合図の鐘も太鼓も打たないうちに、師匠が出てきた。それで雪峰はいうのです。「お師匠様、まだ何の合図も打っていません。用意ができていません」。すると徳山は、あの気の強い徳山ですが、たとえ答えが間違っていなくても棒を食らわせたという徳山ですが、どうしたことか、回れ右してすうっと部屋へ引き上げてしまうのです。

そのことを雪峰が兄弟子の巌頭にいうんですね。こんなことがあったと。得意げなところが見えたのでしょうか、巌頭は言うのですね。「そうか」と。巌頭は天才と言われています。「徳山老師ともあろうお方が、末後の句をおわかりでない」というのです。わかっていないから、おまえに言われてすごすご帰ることになるんだ、と言っているのです。それを踏まえて読んでいただきたいと思います。

その時はうなだれていたかはわかりませんが、おとなしく師匠の徳山が帰ったのです。その時、雪峰は、してやったりという気持ちがしたのかもしれませんね。ところが、だんだん修行してみますと、そうじゃなかったとわかるわけです。まさにかつて、自分が師匠に対してやったのと同じようなことを、二人の僧がやったわけですから、なんとも雪峰には言えませんね。

懐かしかったのではないでしょうか。二人を若いときの自分と見て。しかし法は法です。それでいいわけではない。何ができたかというと、徳山和尚のように回れ右して二人を残したまま、庵に帰るしかなかった。

では末後の句とは何かというと、末後の句を本当に我がものとすると、自由自在に働けるぞ、ということ。それを末後の一句というのだと思います。巌頭自ら言います。「雪峰は我と同じ条《えだ》に生ると雖も、我と同じ条に死せず」。ここに生死という二字があります。

## 「同条に死せず」

頌に行ってみます。

「末後の句、君が為《ため》に説《い》う。明暗双双、底《なん》の時節ぞ。同じ条に生るることは共に相知るも、同じ条に死せざることは還って殊絶す。還って殊絶す。黄頭と碧眼と須らく甄別《けんべつ》すべし。南北東西 帰《かえりなんいざ》去来、夜深《よふ》けて同《とも》に看ん千巌の雪」。

末後の句、つまり禅の極意と言われるもの。それをあなたがたに説こう、というのでしょう。「明暗双双、底《なん》の時節ぞ」。明暗が入り混じっている、公案で言えばわけがわからなくなっている。これを禅では現実と取ります。現実が明暗双双。いつ明が飛び出し、いつ暗が飛び出し、どんな出来事が起こるかわからないところ、まさに世の中を明暗双双と言っています。

殊絶は、大変に素晴らしい、ということです。「同じ条に生るることは」わかるけれども、知っているけれども、「同じ条に死せざることは」、なんと素晴らしいことではないか。

雪竇は繰り返しています。「還って殊絶す」。なんとも素晴らしい。

黄頭は釈尊、碧眼は達磨。釈尊と達磨とはすべからく見分けなくてはならない。大きく言えば、釈尊も達磨も同じ幹の枝に生まれた人かもしれません。けれどもごっちゃにしてはいけない。違いを見別できる、見分けられる眼を持たなくてはならない。そういう眼を具して、初めて「南北東西帰去来」となるのでしょうか。道場に集まって、共に修行に励んで、これは「同じ条に生るる」、ですよね。禅の道は道場で死んで生き返る。生き返ったら、その時、黄頭と碧眼とすべからく見分ける眼が備わるということでしょう。そして国へ帰っていく。「南北東西帰去来」ですね。

「夜深《よふ》けて同《とも》に看ん千巌の雪」。それぞれ帰ったところで、故郷から今度は、真っ暗な中で降る雪、白い雪を見る。真っ暗な中で明暗の明が飛び込んでくる。それは雪です。この雪を見る。場所は違っても、真っ白な雪。千巌山に積もっている雪を見る。千巌山とはどこの山でしょう。どこでもよろしいですね。一応、雪峰山としますと、道場の厳しい修行を思い出しながら、千巌の雪を見る、と。

公案体系は、理致、機関、向上の三つです。理致は法身、と白隠さんが言ったように、法の身体です。法身を見ることが見性、悟りです。その見性ができたら、機関で錬りに錬るんです。機関は場所が明暗双双という現実なんです。どんなに法身を体験しても、現実で働けなければ意味がないですね。そこでここへ持ってくる。明暗双双の世界で、理致と現実を一緒にして機関で、法身を働かせる。そのために錬り上げる。もう一つある。それが向上という世界です。

向上、上に向かう。俗語だそうです。その上、という意味。なんの上か。禅では仏の上、と見るのです。ここに本当の禅があるのです。末後の一句というのは、ここへの案内です。向上の世界への案内が末後の一句です。

ですから、仏の上です。仏だって私たちにはわかりません。不立文字ですから。まして、その上となったらわからない。説明できない世界でしょうけれども、わかるように導いてくれるのが、末後の一句です。ですから、末後の一句から全てが始まると言ってもいいくらいなのですね。末後の一句で終わりではなく、そこから本当の生きるということが始まる、ということです。

そこには、千差万別の生き方が叩き込まれていると思います。けれど、仏の上ということでは、一つです。そこを、同じ条に生るるといえども、同じ死に方はしない。死ぬということは、生きることとの最後ですね。生き方は違うけれども、みんな仏向上の世界を生きたのだぞ、と押さえていただけたらありがたいと思います。般若心経では尽きない世界を、ここに叩き込んでいるのです。

## 「極意の一句」をめぐって

少し全体を補足しましょう。まず「三歎の法門」ということですが、「歎」は、三つの文章を作るということでしたね。疑問と反語と感嘆文の三つを作るということでした。例えば、こんなふうにとってはどうでしょう。最初は疑問文。我々が生きるということは何か。生きるとはどういうことか。これがまず疑問文であり、我々の場合は坐禅して、いろいろと工夫していくわけですが、そのうちにどうしても、生きるというだけでは解決しない面が出てきます。

知らず知らず、自ずからに、生の反対の現象である死まで視野に入ってくる。そこを反語と取っていただきます。生きるとはどういうことか、から始まって、生だけでは解決せずに、知らぬ間に死に対する思いが入ってくる。そうして、生と死が交わっていくわけです。生と死が二つではなく、不二になっていく。

けれども本人にとっては、いっこうに解決しない。かえって迷いが深まるだけです。いったい何のことか全くわからなくなってしまう状態まで行くのだと思います。これが一番大変な時だと思います。何一つわからないから、大変苦しい時です。のたうちまわっているところだと思います。どうにもならないということは、自分の力を出し尽くしているわけです。けれども、いっこう解決しない、そんな時に、外から何かが飛び込んでくる。自分の方からは何も出ない。だからこそ、外から何かが飛び込んでくる。

例えば鐘の音とか、ですね。ゴーンと響いてくる。これが、それまで聞いたことがないような音として飛び込んでくる。そこで何かが起こる。飛び込んでくる鐘の音が、七転八倒している自分の状況に飛び込んでくる。いわゆる裂け目というか、穴を開けてくれるわけです。

その穴を開けられて、そこから飛び出していくんだと思います、苦しんでいますから。そうして広い世界へ出るわけです。もがき苦しんでいる部屋から飛び出して——部屋というのは身体、つまり色身です、そこから飛び出して法身の方へ開けていく。それが最後の感動、感嘆の世界、感嘆文の世界だと思います。こうして開けていくのではないかと思います。

ですから、見性ということ、自分の本性を見ること、本来の面目を見るということは、その時は必ず感嘆がともなうのだ、というのが「歟」という字だと思います。ですから、「歟」は、まことに公案と一つなんです。プロセスをうまく表現してくれています。

疑問で始まる。生とは何か。生だけでは解決できず、気づいてみると、死もそこに入ってくる。死への思いが出てくる。しかしますますわからなくなるばかりで、いっこうに道は開けない。自分では何も解決できずにのたうちまわっている。その道を開いてくれるのは、普段なら何でもなく受け止めている、例えば外からの音。気にもしないようなことが、まことに妙音となって自分の体に入ってくる。裂け目を作ってくれる。そこから飛び出していくわけです。それが「色即是空」という、色身から法身へという道のりだと思います。不思議と、そういうふうに禅の公案の道行きと合致するんですね。それで、ああ、これはいいなと思って、それから「三歟の法門」というのを勝手に作り出して、皆さんにお話ししているわけですが。

そんなことで、頌を見て見たいと思います。「末後の句、君が為《ため》に説《い》う」。昔は「君が為に説《と》く」と読んでいたのですが。末後の句というのは禅の極意だ、一生かけての最後の一句という感じなのですね。一生の自己の光景を見ましての一句なのです。自分の人生で一番胸に迫った一句ということで、禅では「極意の一句」です。禅の極意の一句は何か。禅の極意は何か。末後の句です。これが向上なんです。「君が為《ため》に説《い》う」。ここで語ったわけです、巌頭は。

「明暗双双」、明るさと暗さが交差する、両方あるところ。これは世間のことです。「底《なん》の時節ぞ」。禅の公案体系からいきますと、末後の句は向上底だと。そして明暗双双は、機関だと押さえられています。まず法身を求めます。理致の世界、理の極まった世界。何かというと、色身を破っていくわけですから、破って破って洞窟の外へ出る。そこが空の世界で、理致の世界だと思います。

それによって、私たちは救われますが、それは涅槃の世界でしょうが、現実の自分が救われるかどうかがもう一つの大事になります。死んでからではなくて、今生きているところで救われるには、何が大事か。理致の世界を引き寄せて、現実の世界でそこを生きられないか。そこを工夫したのが、機関の公案だと思います。

ですから、法身と機関、理致と機関で用は足りているようですけれども、なかなかそうではないのですね。禅のすごいところは、向上という、もう一つの世界を持っていることだと思います。もう一つと言いましたが、別に何かあるわけではないのですね。そうではなく、そこに向上の世界を見出して、向上の世界を作り出して生きていくというところに、禅のすごさがあり、公案体系のありがたいところがあると思われてならないわけです。

そこで、「明暗双双、底《なん》の時節ぞ」。いずれにしても、今が大事なんです。今、ここ、我、と言いますね。「明暗双双、底《なん》の時節ぞ」。ここでそれがどう働くか、法身がどう働くかですね。理致の世界がどう働くかが大事なんです。それもあなたを抜きにしては考えられない。私であり、あなたです。

「同じ条に生るることは共に相知るも、同じ条に死せざることは還って殊絶す」。巌頭が自分と雪峰に掛けていっています。徳山という大きな幹の枝に生まれたことは、ともに相知っているけれども、同じ枝には死なないのだ。このあたりの感覚は外国語だと思いますね。かえって漢文で上から読みくだした方が意味がはっきりするように思われます。同じ枝に生まれたけれども、同じ枝には死なない。死ぬ時は別の枝になっているということでしょう。

## 正念相続ということ

でも、もう一つの見方があるように思います。それは、「生まれる」ということですが、禅では「大死一番、絶後に蘇る」と言いますね。「死んで生きるが禅の道」とも言います。その生まれる、です。新しく甦ったところを「生まれる」と言っているのだと思います。徳山の棒に打ち据えられながら、鍛えに鍛えられて、ようやく生まれ変わった。大死一番、蘇生して、生まれ変わることができた。

そうすると、白隠の公案体系がありますね。ここには見性後の大事として、何がありますか。見性することで初めて正念をつかむ、正念決定ということですね。あとは正念を持続するのだ、と言います。これをなんと言いますか。正念相続です。それ以降は、瞬間、瞬間、死んで生きているのです。死んで甦って生きて、死んで甦って生きて、と相続していく。

これが、臨済録の序にある「妙応無方、朕迹を止めず」ということだと思います。どこからかかってきても、見事に対応できる。これは生きているということです。けれども、終わったら何一つ跡を残さない。またすうっと無一物の世界に戻っている。だから、死にながら生き続けるわけです。それが正念相続ということだと思います。これは「還って殊絶す」。殊更、大変なことなんだと、もう一度繰り返しています。

「黄頭と碧眼と須らく甄別《けんべつ》すべし」。正念決定してから、正念相続して生きていくというところですね。この世界ではいろいろありなのだということですね。だから黄頭と碧眼も見分けなくてはならない。一緒くたにしては、現実は渡れないぞ、ということでしょう。差別《しゃべつ》の世界ですから。お釈迦様と達磨さん、一緒にしていいようなものだけれど、やはり見分ける必要がある世界なのだ。そこまでがわかってこそ、単に見性したということではなく、この世の現実がどのような世界なのか、何が現実世界においては力を持っているのか、そういうことを見分ける目をつけて、ということだと思うのです。

「南北東西帰去来《かえりなんいざ》」、これをどの時節にするかですね。これはやはり死ぬまでの時節になると思います。道場という一ヶ所に東西南北から集まった、そして元の故郷へ帰る。垂示で出てきた「郷関」に向かって帰っていく。いわゆる平等の世界から差別の世界へ帰っていく。

そして差別の世界から、「夜深《よふ》けて」――夜が深ければ真っ暗になりますね。平等の世界です。そこから「同《とも》に看ん千巌の雪」。千巌はどこの山でしたか。雪峰の山でしたか。千巌の山に積もった真っ白な雪を仰ぎ見るという。昔の道場を懐かしむのでしょうね。いろんな思いがこみ上げてくる。

そういうことが、ひとつの食《じき》になるんだと思います。食物です、三聖と雪峰の問題ですね。「網を透る金鱗、何を以ってか食と為す」、「夜深《よふ》けて同《とも》に看ん千巌の雪」。それが網を通った金鱗の食になるのだと。

過去を思うことによって、未来、今、ここを生きる。ここから未来へ向かって生きる力が湧いてくる、というような世界が開けてくる。単に過去が素晴らしいと言って、そこに沈み込むのではないのです。過去を思うことが今を生きる力となり、未来へ向かって生きる力となっていく。こういうことを謳い上げているのだと思うわけです。

平知盛でしたか、源平合戦で壇ノ浦まで行きますね。平家の荒武者なのですが、形勢われに利あらずと思ったのでしょうね。戦うのもいいが、それでは人を殺すだけだ、無駄な殺し合いはもうやめようと思ったのでしょう。「見るべきほどのことは見つ」といって、自ら海に飛び込んだ。豪傑ですから、敵の一人二人は抱えて飛び込んだのかもしれませんけれども、武士ですから戦う時は戦うけれども、これ以上の人殺しには意味はない。源氏の世の中になったと見極めたのでしょう。自ら入水したと伝わります。それが「南北東西帰去来」ということだと思います。幻化の住まいであるそれぞれの南北東西から、本来の郷関へと。

## 笑うべし潅溪老――第五二則「趙州石橋略彴」

【本則】 挙《こ》す。僧、趙州《じょうしゅう》に問う、「久しく趙州の石橋《しゃっきょう》を嚮《した》うに、到来すれば只だ略彴《りゃくしゃく》を見るのみ」。州云く、「汝は只だ略彴のみを見て、且《さて》も石橋は見ず」。僧云く、「如何なるか是れ石橋」。州云く、「驢を渡し馬を渡す」。

【頌】 孤危を立てずして道方《まさ》に高し、海に入れば還《ま》た須《かなら》ずや巨鼇《きょごう》を釣らん。笑う堪《べ》し同時の潅溪《かんけい》老、解《よ》く「劈箭《へきせん》」と云うも亦た徒労なり。

## 「石橋を見ず」

大森曹玄老師のお弟子さんで、山田研斎という方がおりました。刀を研ぐ人なんですが、刀の鑑賞ですね。鑑賞悟道という言葉を使いますが、刀を本当に見れたら、悟ったと同じだというのです。仕事は刀研ぎ師なのです。いかに見るということが大事か、ということです。

我々にはなかなか見る目がないのですが、ここでも僧は見る目がないと言われているのですね。石橋、石橋と慕って、ようやくやってきたのに、石橋などなくて、丸木橋しかないじゃないか、と。それに対して、「汝は只だ略彴のみを見て、且《さて》も石橋は見ず」と言われている。

そうすると僧は改めて、「私には石橋は見えません、どこにあるんでしょうか」という感じです。すると、「驢を渡し馬を渡す」。ロバも渡せば馬も渡すぞ、試みによく見よ。そう見えぬかというのでしょうね。

ただそれだけの話です。それ以上は何も語っていません。さあ、どうご覧になりますか。

## 「笑うべし同時の潅渓老」

頌にいきます。「孤危を立てずして道方《まさ》に高し、海に入れば還た須《かなら》ずや巨鼇《きょごう》を釣らん。笑う堪《べ》し同時の潅渓老《かんけい》、解く劈箭《へきぜん》と云うも亦た徒労なり」。こう謳い上げています。雪竇の偈頌ですね。潅渓老という方は臨済の法を継いだ人です。同時代の人です。臨済と趙州和尚は出会っていますね。

「孤危を立てずして道方に高し」、孤危険峻と言いますね。ただ一人、というのでしょう。それが、もう側へ近寄れない危さなのでしょう。険峻は山がそびえ立っているさまですから、禅宗坊さんのそばに近寄って質問でもしたら、棒が飛んでくるか一喝されるか、危なくて近寄れない。しかし趙州和尚の家風は孤危を立てず、ということでしょう。臨済や徳山のような孤危険峻のやり方ではない。

では、道はどうか。「道方《まさ》に高し」。道は、これ以上にないくらいに高い、というのですね。「方に」はどう訳したらいいのでしょう。四方八方の「方」ですから、いろんな方々と比べてみても、誰にも劣らないくらい、高い道を示していらっしゃる。

「海に入れば還た須《かなら》ずや巨鼇《きょごう》を釣らん」。高いところを言っているのでしょう。趙州が海に出て行ったら、巨鼇を吊りあげるだろう。巨鼇とはすごい亀です。大亀を鼇といいますが、それをたくさん集めたようなものを言うそうです。大海亀ですね。想像上の亀です。五十頭の牛を鎖で繫いで海に放り込むと、それを一飲みするとか。すごいですね。つまり、優れた弟子を釣りあげる、鍛え上げるだろう、ということです。

「笑う堪《べ》し同時の滻渓老《かんけいろう》」、笑うべきは同時代を生きた滻渓老だ。滻渓老も同じようなことを聞かれて答えています。どう答えたかは評唱にもありますが、滻渓老も臨済の弟子ですから、やり手であることはまちがいないでしょう。

何を言っているのか評唱のその部分を見てみますと、滻渓老のところへ僧がやってきて、久しく、私のところにも名が響いております。そこでやってきたところ、ただ一箇の漚麻《おうま》池《ち》を見るとあります。一箇の泡を吹いているどぶ池を見ただけだ、と。久しく滻渓と名前を聞いていまして、どんな谷川かと思ってきてみたら、なんだ汚い泥池だった。ぶくぶく泡が湧き出るような、麻をしばらく浸すようなちっぽけな池ではないか、と面と向かって言われた。

するとと滻渓が、「汝ただ漚麻池を見て滻渓を見ず」と答えました。お前には漚麻池ばかり目に入って、潅溪が目に入らないのだ。そこでもう一度聞くんですね。「如何なるか是れ潅溪」。すると、「劈箭《へきせん》、急なり」谷川の水は矢が飛ぶように流れているぞ、と。

どこがいけなかったのでしょう。なぜ雪竇は「笑う堪し同時の潅溪老」といったのでしょう。そこが問題ですね。どこに違いがあるというのでしょうか。「解く劈箭と云うも亦た徒労なり」。ここに秘密があるのでしょうね。「亦た徒労なり」と言っています。

この則はこれだけです。いかがでしょうか。「徒労なり」というのは、巨鼇は釣れないぞ、ということですね。潅溪老には趙州のように巨鼇は釣れないといった根拠はどこにあるのでしょうね。そこをわかってもらえれば、よしとしなくてはならない、ということでしょうか。

## 「龐居士好雪片片」——第四二則によせて

第四二則「龐居士好雪片片」を思い出してください。ざっと見てみます。

「龐居士《ほうこじ》、薬山《やくさん》を辞す」。龐居士という人は馬祖道一にも参じたことがある老居士ですね。彼が薬山のところに十七年くらい居候をするのですね。その居候が終わり、別れを告げるところです。

薬山が十人の禅客に命じて門まで送らせた。「山《さん》、十人の禅客に命じて相送りて門首に至らしむ」。その時のことです。「居士、空中の雪を指さして云く、好雪、片片別処に落ちず」。降りしきる雪は、一片一片、別のところには落ちないぞ、と。

「時に全《ぜん》禅客有り、云く、什麼処《いずこ》にか落在する」。全さんという禅客が、ではどこに落ちるのですか、というのですね。鑑賞悟道という話をしました。それがわからなくてはいけないのです。が、全さんにはわからなかった。そこで素直に尋ねると「士打つこと一掌」。ピシャッと平手打ちがかえってきた。まさに孤危険峻ですね。一緒に過ごした仲間ですが、平手打ちが返ってきた。

すると「全云く、居士也た草草《なおざり》なることを得ざれ」。そんな乱暴なことをしてはいけませんよ。「士云く、汝恁麼《さよう》に禅客と称すれば」、そんなことを言っていて、自分が禅客だと思っているのならば、「閻《えん》老子未だ汝を放《ゆる》さざる在《ぞ》」。地獄の閻魔大王が許さんぞ、地獄でひどい目にあうぞ、と言うのです。

すると、全さんはいうのです。「居士は作麼生《いかん》」。あなたはどうなんですか。こう尋ねると、「士又た打つこと一掌」。もう一発見舞った。そして「云く、眼は見るも盲の如く、口は説《い》うも唖の如し」。目は開いていても何も見えていない、口は話せるのに肝心要のことは何も喋れない。

話はここで終わるのですが、たまりかねた雪竇が、時代を乗り越えて特別参加します。「雪竇別して云く、初問の処に但だ雪団を握《にぎ》って便《すなわ》ち打たん」。わしがその場にいたら、降り積もる雪を団子にして禅客にぶつけてやるのに。

こういう問答です。どのように捕まえますか。そして、そこを雪竇が頌で謳い上げています。「雪団もて打て、雪団もて打て。龐老の機関、把《とら》うべき没《な》し。天上人間《じんかん》、自《おの》ずから知らず。眼裏耳裏《げんりにり》、瀟灑《しょうしゃ》を絶す。瀟灑絶して、碧眼の胡僧も辨別し難し」。これで終わっています。

とくに「天上人間《じんかん》、自《おの》ずから知らず」と謳い上げていますが、どんなことを言っているのでしょうね。

## 鑑賞悟道とは

一番最初に発言したのは龐居士ですね。それに対して全さんが問い返します。ここで、問い返したその時に、雪竇は雪団子をこしらえて、そいつを全さんにぶつければよかったんだと言っています。このあたりはどうでしょう。雪竇と龐居士の間にやり方の違いがあるでしょうか。

「好雪」は「いい雪だなあ」と言っているのですね。十七年間お世話になった場所に別れを告げるのです。そこから帰る時に、雪を見上げながら、「ああ、いい雪だ」という。そこでやめておけばいいのに、つい「別処に落ちず」というものだから、どこに落ちるのか聞きたくなりますよね。

全さんという人はストレートな方でしょうから、ありのままに尋ねたんです。そうしたら、龐居士はぴしゃりと一発見舞った。なぜ打ったか。お前のところだ、ということです。ところが全さんは「暴力はいけません」という。そこで雪竇は、こんな手合いは最初から雪を丸めてぶつければよかったんだ、というのです。

禅で大事なのはなんですか。己事究明でしょう。全てを己事究明に持っていくのが修行です。だから「あんたのところに落ちるんだ」というのに、わからなかったから、雪竇は雪を丸めてぶつけてやればよかったんだというんです。同じ雪ですからね。ひとひらではなく、空中じゅうの雪をひとかたまりにして、おまえさんのところに落ちてくるんだ、と言っているのではないですか。それと同じ思いで、龐居士は一発叩いているんです。

こういう勘違いが多いですね、禅の場合は。そこで鑑賞悟道という言葉が重きをなしてくるのだと思います。鑑賞というのは、見まちがいをしないということです。平手打ちをくらった時、あ、そうだったか、とすぐにわからなければいけないのです。それなのに戯《ざれ》言《ごと》を言っているのが全さんだったのです。

この問答のあまりの歯がゆさに、雪竇が時を超えて口出しして、雪を団子にしてぶつければいいと言ったけれども、龐居士は「好雪、片片別処に落ちず」との言葉をすでに雪団にしてぶつけていたということに、雪竇は後で気づいた。そこで謳い直しているのが頌です。

そこで頌の最初は「雪団打、雪団打」。これは一掌ですね。むしろ、「好雪、片片別処に落ちず」が雪団打なのだ。逆に龐居士を褒めるのです。「龐老の機関、把《と》うべき没《な》し」。龐居士の働きはつかみようがない、といったのです。自分が言ったほうが遅いのだ、龐居士は初めからその意味で「好雪、片片別処に落ちず」と口にしたのだ、というのです。

「天上人間《じんかん》、自《おの》ずから知らず」。ところが、天上界も人々も誰も何も気づかない。問題はここなのです。何に気が付かないのか。

「眼裏耳裏《げんりにり》、瀟灑《しょうしゃ》を絶す。瀟灑絶して、碧眼の胡僧も辨別し難し」。逆にしている意味はなんでしょう。初めに「瀟灑《しょうしゃ》を絶す」としました。瀟灑はチリ一つない世界、綺麗な世界ですね。目のうちも耳のうちも、絶してさっぱりした世界が訪れた。これは空の世界です。目の働き、耳の働きを絶して、何一つ止《とど》めない世界が出来上がった。つまり空の状態になった。すると逆に、「瀟灑絶」。綺麗さっぱりの世界を絶つんだ、という。「色即是空、空即是色」を言っているのだと思います。空の世界が気持ちよくても、そこに留まってはいけない。すぐに「瀟灑絶」、戻ってこなくてはいけない。

「瀟灑絶して、碧眼の胡僧も辨別し難し」。「空即是色」の方向をいうのですから、綺麗さっぱりの世界も絶していくという意味が、「瀟灑絶」です。すると、空の世界も絶してしまう。そうしたら、いかな達磨さんが出てきても、看取ることはできないぞ、というわけです。

空の世界へ出たら、妙有として戻ってくる。空がついて戻ってくるから「妙有」なのです。しかし、空も絶してしまうのですから、どこの世界でしょうか。「瀟灑絶」、向上の世界です。仏の上。だから達磨が出てきてもわからないのです。納得できますね。その向上の世界というのは、別の言葉で言うとどうでしょう。どこへ行くのでしょうか。仏も達磨も超えて、どこへ？　単なる世間ではないですね。それならば、最初の色だけでいいですね。

帰ってくるとき、その人はどうなっているのでしょう。無位の真人となって戻ってくるのです。無位ですから、そこには仏祖もないのです。迷える衆生もありません。超えるということは、もう無仏・無衆生ということ。何もないから、そこから仏も達磨も出てくる。ただし、位としては、釈迦もいないということ。趙州の無字で鍛えきったところです。

龐居士は向上の世界にいる。仏も達磨も超えたところ、つまり自分自身を超えたところ、見性した自分というのも超えたところ。鈴木大拙先生の話で有名だと思いますが、「サトリと木こりの話」がありますね。サトリという怪物の話。熟達した木こりが木を切っている時に、サトリがからかいにくるのですね。そこで、なんとかその怪物を斧で打ちのめそうとするのですが、その動きが分ってしまって逃げられてしまう。とうとう、クタクタになった木こりは、サトリのことは忘れて、木を切ることに専念するようになる。すると思わず知らず、斧の刃が柄から離れて飛んでいく。木陰から顔を出したサトリに意図せずして当たってしまい、サトリは倒れる、という話です。

これは何を言っているのでしょうか。サトリは、自分はサトリだと誇っていたので、だめになったのです。では、サトリの一枚上にあるのはなんでしょう。無心です。サトリも無心には勝てなかったのです。無心でただ斧を振るっていたら、思わず知らず、斧の刃が抜けて飛んでいく。意図を持っていたらサトリは気づけたのですが、無心だったので気づかずに避けられず、ダウンするのです。こういうことは日常にもあります。ですから、向上の世界は日常の世界なんです。でも、単なる日常ではありませんね。

例えば、名人が名人である限りは、サトリは気づくでしょう。けれど、名人でも、あるいは素人でも、無心で振るっていれば、無位の真人としてある限りは、サトリは気づかないということではないですか。「童心は祖心に通ず」という言葉がありますでしょう。小さな子どもの心は、祖師方の心と同じだ、という。それは無心ということです。しかし、いつまでも無心ではいけないのです。

もう一つ申し上げます。大森曹玄老師の説かれる「水月移写」という言葉が一刀流の極意にあります。水面に大波小波が立たず、磨きたてた明鏡のようであったならば、月の一挙一動はその大小にかかわりなく、そのまま写る道理ですね。なぜ写るか。月には形相があるからでしょう。月が有相だから写る。しかし、月が無形無相だったらどうでしょうか。どのように鏡を磨いても、そこに月は写りようがありませんね。相手の想念を写すサトリも、さすがに無心の木こりの三昧境は写せなかったわけです。

すると、どうなりますか。無心は写せない。サトリも無心は写せない。無心、それこそをサトリの上というのです。俺は悟ったぞ、というものが少しでも残っていたら、だめなのではないですか。ものがあるから、鏡に写せる。けれども何もなければ、ないものは写せない。

## 究極の世界とは

誰もが完全な悟りを求めようとしますが、そういうものではありませんね。そこで修行の仕方に工夫を凝らしていくのです。大きなことも小さなことも、禅です。大きなことばかり禅だと思われがちで、それをやれば大悟できるのだと思っている。けれど、それで何人の人が大悟できますか。公案禅は一則一則です。

四二則に戻ります。問題は自知です。自知しない。天上界の人も人間界の人も自ら知らないのだ。ところが、最後のところは「碧眼の胡僧も辨別し難し」と言っています。天上界、人間界だけでなく。達磨も仏も知らないと言っているのです。究極の世界は自ら知らず。そういうふうに受け取ってもらいたいのです。達磨も釈迦も知らないという世界を、向上というのです。

ですから、向上の世界は生やさしいものではありません。釈迦も達磨もなお修行中といいますね。そういう無窮の世界を我々は修行しているのです。最終的には向上の世界が大事なのです。悟りくさい悟りはだめだということでしょう。

## 偏界蔵れず——第五三則「馬大師野鴨子」

【垂示】垂示に云く、偏界蔵《へんかいかく》れず、全機独露す。触途《いたるところ》に滞《とどこお》る無く、著著に出身の機あり。句下に私《わたくし》無く、頭頭に殺人《せつにん》の意あり。且道《さて》、古人は畢竟什麼処《いずこ》に向《お》いてか休歇《や》む。試みに挙《こ》し看ん。

【本則】挙《こ》す。馬大師、百丈と行きし次《とき》、野鴨子《かも》の飛び過ぐるを見る。大師云く、「是れ什麼《なん》ぞ」。丈云く、「野鴨子」。大師云く、「什麼処に去《ゆ》くや」。丈云く、「飛び過ぎ去れり」。大師、遂に百丈の鼻頭を扭《ひね》る。丈、忍痛の声を作《な》す。大師云く、「何ぞ曾て飛び去らん」。

【頌】野鴨子《かも》、何許《いずこ》なるを知らん。馬祖見来たりて相共に語る。山雲海月の情を話《かた》り尽すも、依前として会《え》せず還《ま》た飛び去る。飛び去らんと欲して、却って把住《とらえら》る。道《い》え道《い》え。

## 「全機独露す」

「偏界蔵れず《へんかいかく》、全機独露す」。どう受け止めたらいいでしょうか。これは公案体系でいったら、どこに当たるでしょう。向上ですね。すると、ハッとするところが大事だと思うのですね。「偏界蔵れず、全機独露す」という言葉を見ただけで、気持ちがすうっとするかどうかです。そうだった、という気づきですね。今そうでなければ、だからこそ、ハッとする。本当はこれなんだと。そう思っただけで身体がすうっとする、それが慧能禅師の世界なんですね。見ただけで、自分は間違ったところにいる、そう気付いただけで、すうっとする。こういう世界があるのだと。それが一番大事なところではないかと思います。「触途《いたるところ》に滞る無く、著著に出身の機あり」。これはどのように読みますか。「出身」とはなんでしょうか。一番簡単なつかみ方は、身を出る、ということですね。身体は形があるものですから、形のないものへ、というのを出身としてはどうでしょうか。そして、身心と言います。どちらも大事です。形のある身体、そして形のない心まで目が届かなくてはいけない。無相のところまで目が届くということです。「著著」は囲碁の一手だそうです。ですから、いたるところに、何に出会っても、どのようなことに出会っても、有相を超えた働きを持っている。いわゆる妙有のところです。その働きがある、というのです。

ではそうなるには、どうしたらいいか。一番確かなのは、「句下に私無く、頭頭に殺人《せつにん》の意あり」。一句一句の言葉、相手に接してそこで出す言葉の元に、私なく、つまり無我です。趙州の無になりきってお相手すると、一句一つ一つに、相手を殺す意がある。「意」はどう訳したらいいでしょうか。氣迫です。氣合です。白隠さんのいう勇猛心です。私がないところに、そういう働きが出てくるのだ。

「且道《さて》、古人は畢竟什麼処《いずこ》に向《お》いてか休歇《や》む」。「句下に私無く」というのですから、私から出るのではないのです。私を超えたところから、出る。そこには大の男を殺してしまうような気迫が、自然と込められているのだ。これは出どころが自分ならば限りがありますが、自分を超えた無私から出るので、限りがない。無窮といわれる世界だと思います。窮まりがない。「道無窮」という言葉がありますね。限りがないが、「什麼処《いずこ》に向《お》いてか休歇《や》む」。一休みです。どこで一休みしたらいいのですか。どこで休むのか、いい例があるから、見てみなさい、ということでしょう。

## 「殺人の意あり」

そして、本則に入ります。「挙す。馬大師、百丈と行きし次《とき》、野鴨子の飛び過ぐるを見る」。馬祖がお出かけの時に百丈がお供をしていて、鴨が飛び過ぎるのを見た。すると「大師云く、是れ什麼《なん》ぞ」。おそらく、鴨を指差したのでしょう。あれはなんだ、と尋ねた。普通ならば、鴨です、と答えますが、それは世間の常識的な答えです。禅の答えになるかならないか。

「丈云く、野鴨子」。「大師云く、什麼処《いずこ》に去くや」。どこへ行くのか、と二の矢が飛んできます。すると、「丈云く、飛び過ぎ去れり」。飛んで行って見えなくなってしまいました。こう言いますと、「大師、遂に百丈の鼻頭を扭《ひね》る」。弟子の百丈の鼻っ柱を捻じ上げた。思わず、「丈、忍痛の声を作《な》す」。アイタタタタ！となります。「大師云く、何ぞ曾て飛び去らん」という言葉が出ます。そこは百丈ですから、気づくわけです。そういう問答です。

もう一度、垂示を振り返ってみます。「偏界蔵れず、全機独露す」。一番大事なことを最初に出しています。「触途《いたるところ》に滞る無く、著著に出身の機あり」。どこにも淀みなく、一手一手に身を出《いだ》す働きがあるのだ。鴨が飛んだのも一著ですね。その一著にどんな働きがなくてはいけなかったのか。

「句下に私無く、頭頭に殺人《せつにん》の意あり」。禅者の一句には私なく、一つ一つに人を殺して生き返らせる働きがあるのだ。ここでは馬祖がそれを演じたわけですね。

「且《さ》道《て》、古人は畢竟什麼処《いずこ》に向《お》いてか休歇《や》む」。一応、見性の段階でしょうね。そこで一休みして、しっかと自己の脚下を見つめ直して、また時間をかけてやっていく。宝鏡三昧の世界を歩んでもらうわけです。

「道え、道え」

頌に入ります。「野鴨子、何許《いずこ》なるを知らん」。雪竇が唱います。鴨だ、問題は鴨だ、どこにいるかわかっているか。鴨が行き去ったところを承知か。「馬祖見来たりて相共に語る」。馬祖は「什麼処に去る」をしっかりと見てとって、百丈に語りかけている。

「山雲海月の情を話《かた》り尽すも、依前として会《え》せず還《ま》た飛び去る」。馬大師は山雲海月の風情を語り尽くしているのだけれども、依然として百丈はわからない。また飛び去るなどと、能天気なことを答えている。

そこで、「飛び去らんと欲して、却って把住《とらえら》る」。その百丈という名の鴨は飛び去ろうとして、どっこい馬祖によって鼻柱を捕まえられた。「道え道え」。言え、というのですね。ここで終わっていますね。最後はどういう意味でしょうか。どう答えたら、馬祖の意にかなうのか、言え、言え。いかがでしょうか。

## 雲門の機関――第五四則「雲門近離甚処」

【垂示】垂示に云く、生死を透出し、機関を撥転《はってん》す。等閑《とこもなげ》に鉄を截《き》り釘を截り、随処に天を蓋い地を蓋う。且道《さて》、是れ什麽《いか》なる人の行履《あんり》の処ぞ。試みに挙《こ》し看ん。

【本則】挙《こ》す。雲門《うんもん》、僧に問う、「近ごろ甚処《いずこ》を離れしや」。僧云く、「西禅《さいぜん》」。門云く、「西禅には近日何の言句か有る」。僧、両手を展《の》ぶ。門、打つこと一掌す。僧云く、「某甲《それがし》話在り」。門、却って両手を展ぶ。僧、語無し。門、便ち打つ。

【頌】虎頭虎尾一時に収む、凛凛《りんりん》たる威風四百州。却って問う、知らず何《いかん》ぞ太《はなは》だ嶮なる。

師云く、「一著《いって》を放過《ゆる》す」と。

「門、便ち打つ」

「垂示に云く、生死を透出し、機関を撥転《はってん》す」。無字が通ると、生死を透脱す、と言われます。ですから、ここは無字が通ったところです。なぜ生死を透脱するかというと、出身のところです。ですから、この身体そのままで、法の身体になる。「機関を撥転す」。そこで本当に機関の働きが出てくるのだというのです。法身に飛び込むことで、機関をぶつけて、現実と法身を結びつけるのです。

「等閑《こともなげ》に鉄を截り釘を截り」、これが機関の凄まじさです。「随処に天を蓋い地を蓋う」。その一つ一つに法身も絡んで、天を覆い地を覆うという働きが出るのだ。「且道《さて》、是れ什麼《い　か》なる人の行履《あんり》の処ぞ」。

これを言ってみますと、機関というのは、雲門の機関、働きです。そういう機を繰り出すと、「等閑に鉄を截り釘を截り」、平常心で難なく鉄を切り、ある時は釘を切り、「随処に天を蓋い地を蓋う」。その一つ一つにおいて、根こそぎやりますから、本当は天地をひっくり返しているけれども、三六〇度回転して元に戻ってしまう。だから、気づかない人には、そのすごい働きに気づけない。その雲門の働きを試しにあげてみるから見てみなさい、ということですね。

本則に入ります。「挙す。雲門、僧に問う、近ごろ甚処《いずこ》を離れしや」。どこから来たのか。「僧云く、西禅《さいぜん》」。西禅でございます。「門云く、西禅には近日何の言句か有る」。西禅和尚は最近どんなことを言っているかな。

これは、前に「四照用」というのをやりましたね。「何の言句か有る」。この言句も「用」だということでしたね。「照」とは何でしたか。照らす、うつすとも読みます。照は目の働きです。言葉はむしろ、用の方でしたね。

そこで、「僧、両手を展ぶ」。言葉ではなく手を伸ばしたのは上出来です。ところが「門、打つこと一掌す」。ぴしゃりと一打ち食らわした。上をいっているのです。「僧云く、某甲《それがし》話在り」。また終わっておりません。すると、「門、却って両手を展ぶ」。雲門が僧と同じことをやったのです。「僧、語無し」。僧は何もなさなかった。すると「門、便ち打つ」、もう一発打たれてしまった。こういう話です。

僧と雲門の動きは同じように見えますが、僧は雲門の両手を展ばしたさまを見たときに、全然違うと感じて、圧倒されて言葉も出なかったのかもしれませんね。こういうところに面白さがあります。

「僧、語無し」

頌を見てみます。「虎頭虎尾一時に収む」、これは雲門ですね。「凛凛たる威風四百州。却って問う、知らず何《いかん》ぞ太《はなは》だ嶮なる」。中国全土に凛々たる威風をなびかせている、その雲門が修行者に問うたのだ。その問いはどこまで厳しいか、計り知れない。そう言っておいて、「師云く、一著《いって》を放過《ゆる》すと」。

これはどう取りますか。この僧を無眼子《むがんす》とは見ていないんだ、だからこそ、そうやっているんだ、ということですね。二発くらわせたということは、なんとかこの僧を悟らせようとしているのです。雪竇はそう言ったわけです。

雲門は僧に一著《いって》は許している。しかしこれが甘かった。そこで一発食らわすことで、これを本物にしようとした。これだけではありませんね。そこには、こういうものも入っているぞ、目覚めろ、ということですね。そこには「嶮なる」ものがなくてはいけないのだということです。こいつがあるか、と。人を平気でぶん殴るような働きが、おまえさんのこれにあるか。

ところがそれに気づかないで、「何をなさるのですか、私はまだ全部話しておりません」というので、成り代わったのです。形の上では僧と同じ動作をしたのです。どう動くか、と。僧は何もできなかったので、もう一発打たれる。一発一発が、悟の場をつくりだそうとしている。こう考えてはどうかと思います。

雲門が僧に問うていますね。「近ごろ甚処《いずこ》を離れしや」。雲門はこの僧を、ある程度できた男だと見て取ったのだと思うのです。見るだけで、ある意味わかりますね。もう一つ、確かめようとして尋ねたのでしょう。ですから、会った瞬間に、相手を見て取っていると思うのです。

「僧云く、西禅」。西禅からまいりました。これではまだ判断がつかないので、重ねて「西禅には近日何の言句か有る」と聞いています。これは雲門の照ですか、用ですか。用ですね、言葉ですから。言句を使って相手を確かめようとする。西禅の言句を知りたいのでなく、僧の出来具合を確かめたかったのです。

するると、「僧、両手を展ぶ」。上出来です。これに対して「門、打つこと一掌す」。これはどうでしょう。だめだというのですね。「僧云く、某甲話在り」。まだまだ続きがあるのです、と僧は言う。すると、雲門が僧の立場になって腕を広げます。ところが僧は何もできず、雲門はもう一発くらわせた。

## 一棒を与える――雪峰、雲門、そして百丈

これは、「雪峰是什麼」というところと似ていますね。第五一則の本則をみてください。「雪峰住庵の時、両僧有り、來たり礼拝《らいはい》す」。二人の僧が法を求めて訪ねてきた。「峰、来たるを見て、手を以て庵門を托《ひら》き、身を放って出でて云く」、手で庵門を開いて乗り出して言うことには、「是れ什麼《なん》ぞ」。同じですね。

ところが、これに対して、「僧も亦た云く、是れ什麼ぞ」。同じことを言い返したのです。それだけの話ですが、雪峰は「低頭《うなだれ》て庵に帰る」。回れ右して引き返してしまった。

つまり、僧たちの答えは雪峰の意にかなわなかったのですね。これも似ていますね。だ

から一発が必要だったのでしょう。一発を見舞わないまま、雪峰は庵へ帰って行った。ところが雲門は一発、見舞った。これは師匠と違うところです。雲門はやってしまうわけです。「同条に死せず」です。

「知らず何《いかん》ぞ太《はなは》だ嶮なる」。どんなに雲門の禅が厳しいかわかるまい。「師云く、一著《いって》を放過《ゆる》すと」。しかしその厳しさは、相手に一著を許したからこそ、ここでなんとか出来ると見たからこそ、出た厳しさだぞ。雪峰は二人の僧の出来具合を認めず、庵へ戻ってしまった。こういう解釈です。

百丈との第二六則をみてください。百丈と僧の出会いがありますね。「僧、百丈に問う、如何なるか是れ奇特の事」。僧が尋ねます。

これに対して、百丈が「独《ひと》り大雄峰に坐す」といった。すると僧が礼拝します。そうすると、百丈が一棒を与えますね。

これはどうですか。礼拝に対して、一棒を与える。これは褒めたのか、けなしたのか。これは褒めたのでしょうね。そこだ、わかったか、よし、忘れるな!という餞別の一棒ですね。

今回はもう少しきつい一棒だったと思います。まだ分からんか!という一棒。同じ一棒でもいろいろですね。

「僧、語無し」。これがいいのです。何も出なくなってしまった。あと一息とばかりに、もう一発見舞った。果たして僧は目覚めたでしょうか。

# 生とも道わじ、死とも道わじ――第五五則「道吾漸源弔孝」

【垂示】垂示に云く、穏密全真《おんみつぜんしん》、当頭《そくざ》に取証《さと》り、渉流転物《しょうるてんもつ》、直下《ずばり》と承当す。撃石火閃電光中に向《お》いて、誵訛《ごうか》を坐断し、虎頭に拠り虎尾を収むる処に於て、壁立千仞《へきりゅうせんじん》なるは則ち且《さ》て置く。一線《ひとすじ》の道を放って、還《は》た為人《いにん》の処有り也無《や》。試みに挙《こ》し看ん。

【本則】挙《こ》す。道吾《どうご》、漸源《ぜんげん》と一家《あるいえ》に至って弔慰す。源、棺を拍《う》って云く、「生か死か」。吾云く、「生とも道《い》わじ、死とも道《い》わじ」。源云く、「為什麼《なにゆえ》にか道《い》わざる」。吾云く、「道《い》わじ、道《い》わじ」。回《かえ》りて中路に至り、源云く、「和尚快《すみや》かに某甲《それがし》が与《ため》に道《い》え。若し道《い》わずんば、和尚を打ち去らん」。吾云く、「打つことは便ち打つに任《まか》すも、道《い》うことは即ち道《い》わじ」。源、便ち打つ。
後に道吾遷化す。源、石霜《せきそう》に到って、前話を挙似《しめ》す。霜云く、「生とも道《い》わじ、死とも道《い》わじ」。源云く、「為什麽《なにゆえ》にか道《い》わざる」。霜云く、「道《い》わじ、道《い》わじ」。源、言下に省有り。源、一日鍬子《くわ》を将《も》って法堂《はっとう》上を東より西に過《わた》り、西より東に過る。霜云く、「什麽《なに》をか作《な》す」。源云く、「先師の霊骨を覓《もと》む」。霜云く、「洪波浩渺、白浪滔天、什麽《なん》の先師の霊骨をか覓《もと》めん」。雪竇著語して云く、「蒼天《ああ》、蒼天《ああ》」。源云く、「正《よ》に好し、力を著《つ》くるに」。太原《たいげん》の孚《ふ》云く、「先師の霊骨、猶お在り」。

【頌】兎馬に角《つの》有り、牛羊に角無し。毫《ごう》を絶し氂《り》を絶して、山の如く嶽の如し。黄金の霊骨今猶お在り、白浪滔天何処《いずこ》にか著《お》く。著く処無し。隻履《せきり》西に帰り、曾て失却《うしな》う。

## 向上底ということ

垂示からいきます。「垂示に云く、穏密全真《おんみつぜんしん》、当頭《そくざ》に取証《さと》り」、これはどう受け取ったらいいでしょうか。公案体系で言ったら、どの世界を言っているのでしょうか。向上の世界でいいでしょうね。

なぜかというと、「穏密」という言葉が入っている。穏やかです。むき出しにしないということ。静かという意味もあります。しかしそれでいて、「密」。みっしりと詰まっているという感じです。ですからこれは、理致の世界でもなく、機関の世界でもなく、まさに向上の世界を謳い上げているのだと思います。

「当頭に取証り」は、出会い頭にさとる。出た瞬間に見るべきものは全て見とっているということです。出会い頭に、相手に対して見るべきものは全て我が掌中に収めてしまう。前の五四則の雲門の境涯です。

「渉流転物《しょうるてんもつ》、直下《ずばり》と承当す」。流れにわたり、物を転ずる。根本的には、これは機関の公案です。その点で言いますと、「取証り」という言葉が振られている前のところは、理致の世界ですね。一応そうですが、流れにわたり、物を転じつつ、――機関ですから動くときには、動きながら、その一つ一つに承当する。いわゆる、正念相続という感じですね。「穏密全真」と「渉流転物」の二つを挙げています。片方は動きがないですね。もう片方は、物に対して働きまわるという感じですね。ある意味では、片方は理の世界、片方は事の世界です。

事は、一つ一つの事です。理の世界は全体です。事の世界は、いまこの世界、差別《しゃべつ》の世界。理の世界で言えば、即座に悟り全体をぐっとつかんでいるという感じ。事の世界、つまり機関の行き方は、流れにしたがって歩いていきながら、出会う物を転じていく。ピタリと不二になっていくというのです。ですから、正念相続です。

「撃石火閃電光中に向《お》いて」、火打石をぶつけてパッと火が出て消えます。稲妻がぴかりと光りますが、瞬時に消えます。そういうわずかな時間。時間が短いことを出していますが、ここで言いたいことは何か。あっという間に、ということです。

「誵訛《ごうか》を坐断し」、誵訛は入り組んでいること、公案そのものをいうこともあります。坐断は、いながらにして断ち切ってしまう。いろいろな問題をいながらにして解決してしまう。

「虎頭に拠り虎尾を収むる処に於て」、虎の頭に乗っかって、同時に虎のしっぽをつかんでしまう。これは禅機溢れる禅者の語として何度も出てきている言葉ですね。そういう禅者が唐時代にはざらにいたのです。「壁立千仞《へきりゅうせんじん》なるは則ち且《さ》て置く」。寄り付けないんですね。「穏密全真」とは逆ですね。大きな山の絶壁に出合ったようで近づけない。が、それはしばらく置く。

「一線《ひとすじ》の道を放って、還《はい》た為人《にん》の処有り也無《や》」。一線の道を放って、人のためにするところありや。「試みに挙し看ん」。そんな例を一つ上げてみよう。

ですから、壁立千仞の老師の話ではないぞ、というわけです。わけのわからない修行者相手に、自分も泥まみれになって相手をしたという例をここでは挙げるというのです。それが最初にある、穏密全真になっていくと思います。

そうしますと、「撃石火閃電光中に向《お》いて、誵訛《ごうか》を坐断し、虎頭に拠り虎尾を収むる処」、こういう場に立っているのは唐時代の禅僧、そして私たちが理想とする禅者のイメージではないでしょうか。

しかし、唐時代には、そういう禅者ばかりでなく、一風変わったこういう人もいらしたぞ、というのです。しかしこれは、のろまのどうしようもない老師ではないのです。向上底に立っている。向上底を自分の場所として生きている老師だと思います。その話が今日は出てくるぞ、というのであります。

## 「生とも道わじ、死とも道わじ」

本則に入ります。「挙す。道吾《どうご》、漸源《ぜんげん》と一家《あるいえ》に至って弔慰す」。道吾禅師という方が、そのお坊さんです。弔慰ですから、お葬式より広い意味の、弔問に行った、ということでしょう。その時の出来事です。

「源、棺を拍《う》って云く」、弟子の源さんがお棺を叩いて言った。「生か死か」。生きているのですか、死んでいるのですか。死んでいると答えたら、これは常識です。生きていると答えたら、それはなんとか説明が要りますね。

「吾云く、生とも道《い》わじ、死とも道わじ」。師匠の道吾禅師は、生とも死とも言わない。すると「源云く、為什麼《なにゆえ》にか道わざる」。弟子は、どうして言ってくれないのですか、と聞く。「吾云く、道わじ、道わじ」。言わん、言わん。

「回《かえ》りて中路に至り、源云く」、このあたりの問答でお分かりでしょうが、常々、漸源は生死について、思いを凝らしていたのでしょう。そして、生死ということが、まったくわからなくなってしまったという時の出来事だと思います。いい機会ですから、ぜひお師匠さんにこのような問いをして教えてもらいたかったのでしょう。ですから、漸源は真剣なのです。

「回りて中路に至り、源云く」、帰り道でも色々と考えていたのでしょうが、思い切って漸源は尋ねます。「和尚快《すみや》かに某甲《それがし》が与《ため》に道え。若し道わずんば、和尚を打ち去らん」。

こんなことを言うほどに思いが煮詰まっていたのですね。生死がまったくわからなくなっていたのです。理性がなくなってしまうほどだったのです。私たちも老師方から言われてきましたが、坐ったら、わけがわからなくなるまで坐れ、と。そういうところだと思います。

すると、「吾云く、打つことは便ち打つに任《まか》すも、道うことは即ち道わじ」。打つと言うならば打っても構わないけれど、絶対に言わない、言えない、と。なぜこう言うのでしょうか。

すると、もうわけがわからなくなっている漸源は、「便ち打つ」。お師匠さんを打ってしまった。これが前半のお話です。

「先師の霊骨を覓む」

「後に道吾遷化す」。そんなことがあったのちに、道吾禅師は亡くなりました。漸源はお師匠さんを打ったのですから破戒坊主もいいところ。追い出されてしまいました。そのことは抜きにして話は続きます。

「源、石霜《せきそう》に到って」、お師匠さんが遷化してしまったので、今度は石霜のところへ行ったとも読めますね。「前話を挙似《しめ》す」。道吾先師との間でこういうことがありましたと話した。

すると「霜云く、生とも道わじ、死とも道わじ」。思いがけなくも、同じ言葉が石霜禅師からも放たれます。「源云く、為什麼《なにゆえ》にか道わざる」。あなたもですか、どうして話してくださらないのですか。

「霜云く、道わじ、道わじ」。道吾禅師と同じ答えが返ってくるのです。「源、言下に省有《せい》り」。今度はハッと、何か胸に突き刺さることがあった。こういうことなのです。

そして、「省有り」ということが、次の漸源の動きを呼び起こすのです。「源、一日鍬子《くわ》を将《も》って法堂《はっとう》上を東より西に過《わた》り、西より東に過る」。鍬を手にして、法堂の上を東西に歩き回ったというのです。走り回ったでもいいでしょう。

それを見て石霜がとがめます。「霜云く、什麼《なに》をか作《な》す」。何をやっているのか。すると「源云く、先師の霊骨を覓《もと》む」。先師の霊骨を求めているのです。

それを聞いて「霜云く、洪波浩渺、白浪滔天」、大きな波が立って、白い波となって、天まで届いている。「什麼《なん》の先師の霊骨をか覓《もと》めん」。こう言うのです。

すると、雪竇がたまりかねて出てきます。「雪竇著語して云く、蒼天《ああ》、蒼天《ああ》」。ああ、ああ、悲しや悲し、という感じですね。雪竇に言わせれば、まだそんなことやってるのか、という感じですね。まだ彼はわからなくて、石霜のところでもそんなことをやっている、悲しいことだ。弟子を哀れんでいるのか、師匠を哀れんでいるのかわかりません。決めつける必要もありません。

そのあとの漸源の言葉がいいですね。これは生きた言葉です。「源云く、正に好《よ》し、力を著《つ》くるに」。これはどう訳しますか。直訳すれば、そこが力の出しどころです、という感じですね。

ですから今度は、わからずにそれをやっていたのではないと思います。わかったからこそ、「一日鍬《くわ》子を将《も》って法堂上を東より西に過《わた》り、西より東に過る」という行動に出たのでしょう。

「黄金の霊骨、今猶お在り」

ここで「太原《たいげん》の孚《ふ》」という人が現れて言います。「云く、先師の霊骨、猶《な》お在り」。道吾禅師の骨があるというのです。弟子の行動を捉えて、そこに道吾禅師への気持ちを読み取ったわけです。それが「霊骨、猶お在り」。

思いは師匠から弟子に伝わっていきます。「霊骨、猶お在り」ですから、やっと道吾禅師のお気持ちがわかったな、言わなかった理由が、ようやくわかったろう。こう取ったらいいのではないでしょうか。

頌に入ります。「兎馬に角《つの》有り、牛羊に角無し」。これは逆ですね。あるはずのものになく、ないはずのものにある。これはごったになっている状態を言っています。生死のわけがわからなくなっているところを謳っているのでしょう。漸源が生死の間に迷い、二進も三進もいかなくなった状態です。

「毫を絶し氂《り》を絶して、山の如く嶽の如し」。毫は秋に生え変わる兎の毛です。ほんのわずかなもの。それをも絶して、それでいながら、生と死という分別が不二となって渦巻いている状態を言っているのです。ですから、別の言葉で言えば、「展《の》ぶる則《とき》んば法界《ほっかい》に弥《み》綸《りん》し、収《おさ》むる則んば糸髪《しはつ》も立《りっ》せず」。そういう状態なのだ。

「黄金の霊骨今猶お在り」。そうなってこそ初めて、黄金の霊骨はいまなお在る、と言えるのだ。「白浪滔天何処《いずこ》にか著《お》く」。海が波立ち、その波は天まで覆っている。「毫を絶し氂を絶して」という時はどうなのか。「著《お》く処無し」。どこかにおけるのか、おくところがないのか。白浪滔天などという現象はありうるのか、ありえないのか。霊骨はあるといえるのか、いえないのか。

## 達磨は何処へ行ったのか

「隻履《せきり》西に帰り」、これは達磨の後日談ですね。亡くなった後、ある人が達磨に出会った。靴の片方だけを手に持って歩いておられた。片方の靴だけ履いて西へ帰って行く様子だったのかもしれません。しかし、この時はすでに達磨は亡くなっていましたから、ありえないことです。そこで許しを得て、墓を掘り返してみた。そうしたら、片方の靴しか残っていなかった。こういう話です。

「曾て失却《うしな》う」。もう出てこない、というのです。持ち帰られた靴は、もうインドのどこかへ行ってしまって、二度と出てこない。達磨はいずこへ行ったのか。これが生死に全く通じる、そういうお話だと思います。いかがでしょうか。

# あとがき

昔、アニメでしたか、昼は静かに寂としている森が、夜を迎えるとあらゆる生き物が動き出し、真夜中には樹木も歩きこそしないが、幹も枝も葉も一つ一つが目を付け、石や苔までも生命を与えられたかの如くに、祭りのような賑わいを呈し、夜明けとともに鎮まり返る。人が寝入っている間に。

臘八前の恒例の行事、「漬物」です。当道場の雲水と近隣の和尚さん方と総勢二十数名が、干した大根と白菜を前に、緊張して又玄窟老大師の登場を待ち受けます。

元気のよい挨拶で、出迎えると、早速四斗ダルに漬けはじめます。老大師の大叱声も幾度か轟きますが、緊張を増しこそすれ、場の雰囲気に綻びは出ません。

漬け了って、保存の場所へ運んで蓋をのせ、重しの石でおさえつけ完了です。その間に、ある者は老大師に手拭いの桶を供し、ある者はタルに内容のメモを張り、あるいは後片付をし、茶礼です。

各人が一つの目的に向って、テキパキと動いて、あっという間に出来上る。見てて厭きない、茶礼またしかりです。かくして、台風一過、お帰りになる。

多くの者が集《つど》いて、一つのことを成しとげる。一心不乱に必死三昧で。いや、そのような氣ぶりも見せず、意識もしない中で。正に行事です。

ここにはいろんなことが畳み込まれていると思います。正に不立文字です。森はさまざまなものを蔵して森であり、重なっては山ともなり、雲と相対しては、山雲の情を語り合いつつ、ともに空につつまれて、生き生かされている。

禅は己事究明が大事という。古人は諸国行脚しつつ、己事究明に励んだ。その上で人の世を一旦離れて、大自然に学び直し社会に出た。人惑への拒絶である。一言で言えば「好事も無きにしかず」から、人間《じんかん》で徹底、願に生きるためである。「願」は決して好事ではない。

不立文字であるべき小著を手に取ってくださる読者の皆様に感謝し、あわせて、私の背を押し続けてくださった春秋社の神田明会長、澤畑吉和社長、佐藤清靖編集取締役はじめ、編集部の皆様に心からの感謝を捧げます。ありがとうございました。

平成三十年十二月二十五日

天門山裡

木村太邦

木村太邦（きむら　たいほう）
昭和15年、東京生まれ。昭和38年、早稲田大学法学部卒。同年、商社に入社、10年間の営業生活を送る。昭和44年、真人会（秋月龍珉先生主宰）入会。昭和48年、山田無文老師について得度。同年、祥福僧堂に掛搭。無文老師、河野太通老師に参じる。平成7年、祥龍寺入山。平成16年、祥福寺入山。祥福僧堂師家、ならびに祥福寺住職。

碧巌の森
二〇一九年一月三十一日　第一刷発行
著　者　木村太邦
発行者　澤畑吉和
発行所　株式会社　春秋社
東京都千代田区外神田二―一八―六（〒一〇一―〇〇二一）
電話（〇三）三二五五―九六一一　振替〇〇一八〇―六―二四八六一
http://www.shunjusha.co.jp/
印刷所　萩原印刷株式会社
装　丁　本田　進
定価はカバー等に表示してあります。
 ISBN978-4-393-14433-6